Principios bíblicos para cumplir tu propósito en la vida.

Alcanzando tus Sueños

SEMILLAS DE AYUDA PERSONAL

M. RAMIREZ

Alcanzando tus sueños
Miguel Ramírez-Sánchez

Diseño de portada: Julio Splinker
Asesoría Editorial: Armando Carrasco Z.
Fotografía: Issac Splinker

ISBN 978-0-9823282-3-1

Publicado por
Editorial Mies
Miguel Ramírez
P. O. BOX 180271
ARLINGTON, TX. 76096-0271
info@editorialmies.org
www.editorialmies.org

Si no se indica otro origen para esta traducción las citas bíblicas (en **negritas**) pertenecen a: LA SANTA BIBLIA®
Versión Reina-Valera (RV) Revisión de 1960

Ninguna parte de este libro se puede reproducir, almacenar en ningún sistema, o transmitir en ninguna forma electrónica, mecánica, fotocopia, grabación o por cualquier otro método, sin permiso escrito del autor.

© **2009 Miguel Ramírez**

Agradecimientos

Especialmente a Dios, que desde la eternidad nos creó para este tiempo, en este lugar y con este propósito, para que seamos más que vencedores en cada uno de los sueños que Él ha puesto dentro de nosotros.

A mi padre (Guadalupe) que al salir de su pueblo se atrevió a soñar que el podía ser diferente; y fue ese sueño y esa aspiracion que lo hizo encontrarse con mi madre (Francisca) y yo mismo soy parte (resultado) de ese sueño.

A mi suegro (Juan) que siempre quiso que sus hijos ampliaran sus horizontes y eso lo llevó a enfrentarse a nuevas situaciones y circunstancias, pero fue en medio de esa circunstancia que conocí a mi esposa (mi mejor mitad) y hasta el día de hoy seguimos soñando que siempre vienen tiempos mejores.

Dedicatoria

Dedicado a todos aquellos que quieren cambiar sus circunstancias, y cansados del determinismo y fatalismo se atreven a soñar y creer que las cosas pueden cambiar y que Dios tiene mejores planes para ellos. Este libro está dedicado especialemente para ti, que estás comenzando a leer, porque tú eres un importante agente de cambio, de fe y de esperanza.

A mi esposa muy amada (Esperanza) y a mis hijos: Adalú (La luz que da alegria) y Micky (Príncipe de Dios) que siempre han creído en mi, y me han acompañado en mis sueños y ellos mismos son parte fundamental del cumplimiento de ellos, porque como familia tenemos un destino eterno que cumplir, y que estamos cumpliendo.

Índice

Introducción..	7
Caminando hacia tus sueños...................................	13
El poder de esta máquina llamada cerebro..............	23
Tal vez sea hora de reinventarte..............................	31
Identificando tus sueños y tus aspiraciones............	41
5 pasos para hacer tus sueños realidad...................	51
Aprendiendo a establecer metas.............................	71
La importancia de administrar nuestro tiempo........	83
El área espritual..	99
El área familiar...	113
El área física y de salud...	143
El área intelectual...	171
El área profesional...	183
El área de recreación y esparcimiento...................	205
El área económica..	223
El área ética y moral..	241
El área social..	259
El área ministerial..	273
Cuando el camino se pone difícil...........................	289
Un último reto: actúa, actúa actúa.........................	315

Introducción

Todos en la vida tenemos diferentes sueños, metas, objetivos, planes, visión, como le queramos llamar. Lamentablemente muchos de ellos están dormidos, guardados, olvidados u almacenados en lo más recóndito de nuestro ser.

Algunos más, ya ni siquiera se atreven a soñar. Su creatividad está enterrada, muerta, han caído en una profunda depresión o fatalismo; en donde creen que ya nada pueda cambiar, que ellos para eso han nacido.

Otros más van más lejos y le echan la culpa a Dios de su mala suerte, mala fortuna, de sus fracasos, de su dolor, de su pena.

A mi hija, principalmente, siempre le digo:

"Cuando una persona para de soñar, deja de vivir". Son los sueños, los planes, las metas no alcanzadas las que logran dar acción a nuestra vida, las que nos motivan cada día a levantarnos, son los que nos retan a seguir caminando, a creer que sí se puede; que todo es posible. Como dijo el Apóstol Pablo: *"Todo lo puedo en Cristo que me fortalece"*.

A través de este libro; bueno más que un libro va a ser un manual de trabajo, en donde iremos juntos elaborando un plan a desarrollar, estableciendo metas que alcanzar, y programando cambios que hacer a nivel personal, a nivel mental, familiar, laboral, espiritual, social, económico, en fin tendrás que estar dispuesto a trabajar, a cambiar, a hacer. Éste no es un libro que sólo tienes que leer. No, este es un libro para actuar, para ponerle fin a tu frustración, a tus fracasos. Este es un libro que te motivará a levantarte y a volver a soñar. A volver a creer que todo es posible, que todavía se puede y sobre todo, que **tú lo puedes hacer.**

Hace dos años, me invitaron a dar una conferencia en el aniversario de una iglesia, y del tema que expuse salió el título de este libro: *"Alcanzando tus sueños"*. Es momento de despertarlos, de hacer que se cumplan, de que cada uno de ellos se haga una realidad presente en tu vida, en tu hogar, en tu familia, en tu economía, en tu salud.

Muchas veces los que asistimos a una iglesia nos pasamos de religiosos, creyendo que a Dios sólo le interesa nuestro bienestar espiritual, y que todo lo demás no tiene relevancia para Él. Pero el apóstol Pablo dice: *"Y el mismo Dios de paz, os santifique por completo, y todo vuestro ser, espíritu, alma y cuerpo, sean guardados irreprensibles para la venida del Señor Jesucristo".* (1 Ts. 5:23). Dios está interesado en todo nuestro ser, no solamente en nuestro ser espiritual.

El día del Pentecostés, cuando los discípulos eran acusados de embriaguez; se puso en pie el Apóstol Pedro junto con los once y repitió las palabras dichas por el profeta Joel: *"...Y en los postreros días, dice Dios, Derramaré de mi Espíritu sobre toda carne, y vuestros hijos y vuestras hijas profetizarán; vuestros jóvenes verán visiones y vuestros ancianos soñarán sueños..."* (Hch.2: 17,18). El propósito principal de el bautismo en el Espíritu Santo, es que seamos testigos efectivos de Cristo sobre la tierra; pero dentro de sus planes Él quiere que aprendamos a tener visiones, que nunca dejemos de soñar, que siempre creamos que junto con Dios somos mayoría, y que todo lo podemos hacer en su nombre.

Sin caer en el fanatismo, y sin irnos al extremo de la alegoría, tenemos que reconocer que Dios en su palabra nos insta a tener visión, en el libro de proverbios dice: "el pueblo sin visión perece". Así es que si no queremos perecer o morir, siempre debemos tener una visión que alcanzar, un sueño que cumplir, una meta que lograr.

Recuerdas a José el soñador, es interesante notar que en su vida hay tres etapas principales, y cada una de ellas estuvo acompañada de dos sueños cada uno. Los primeros dos fueron los que marcaron el rumbo de su vida, le dieron su razón de ser, su misión sobre la tierra. En estos sueños el entendió que Dios tenía planes determinados para él, que no había nacido por azar del destino, o por un accidente. Estos sueños le costaron el vituperio, la burla, la inconformidad de su familia, principalmente la de sus hermanos.

Fue vendido, y después por mentiras en su contra fue llevado a la cárcel, en donde comenzó la segunda etapa, la de su liberación, que se dio dos años después de haber interpretado dichos sueños. Pero esa interpretación le llevó frente a Faraón; en donde interpretó los últimos dos sueños; que marcaron su etapa final y que lo llevaron al trono. Llegando a ser el segundo en todo el imperio Egipcio.

El siempre se mantuvo creyendo en sus sueños, y en el cumplimiento de ellos, nunca dejó de creer, y los alcanzó. Se cumplieron al pie de la letra, porque no claudicó entre dos pensamientos, el sabía que se cumplirían. Y se cumplieron.

Hay muchos que piensan que ya son demasiados viejos para soñar, para tener metas, planes u objetivos para alcanzar. Pero tú haz de recordar a Caleb, uno de los únicos dos que entraron a la tierra prometida de la primera generación que salió de la cautividad de Egipto. Él solamente escuchó una vez la promesa de Dios para él, que el monte Hebron sería suyo, y cuarenta años después, con más de ochenta años de edad, tenía clara su visión, tenía clara su meta. Así que pidió a Josué que le permitiera conquistar el monte, que él todavía tenía la fuerza de su juventud. ¿Y sabes qué pasó? Claro que sí, lo conquistó, lo tomó, porque el siempre lo creyó y porque nunca perdió de vista su objetivo: Poseer el monte Hebron.

Norman Vicent Peale, uno de los escritores más prominentes en cuanto al pensamiento positivo y al de establecer metas, tenía ochenta y cinco años de edad, cuando se presentó a dar una conferencia sobre los planes a largo plazo, y comenzó diciendo: "Quiero contarles lo que voy a hacer de aquí a diez años..." sin importar su edad, el seguía teniendo planes, metas, propósitos, sueños, una razón de ser.

¿Qué es una meta? Es un objetivo que se persigue hasta que se alcance. Es la finalidad u objetivo que alguien se traza.

Y sabes algo más, que toda meta se puede alcanzar y que todo record se puede romper, así es que iniciemos nuestro camino con metas, planes, objetivos, visiones, sueños, o propósitos, pero sobre todo con el firme propósito de alcanzarlos.

Los espero en la otra rivera, tu amigo que te insta a alcanzar tus sueños.

Miguel Ramírez-Sánchez

C1

Caminando Hacia Tus Sueños

¿Por qué quieres triunfar? ¿Por qué quieres hacer tus sueños realidad? Para eso debes aprender a caminar hacia tus metas. Pero cómo vas a caminar hacia tus metas, si primero no las estableces, debes escribir tus metas, planes, propósitos o sueños que tengas uno por uno, porque de otra manera no vas a saber hacia donde te vas a dirigir. Toma acción; este es probablemente el paso más difícil de hacer. Pero comienza a hacer algo pequeño para llegar a la realización de tus sueños. Corrige sobre la marcha; algunas de las cosas que comenzaste a hacer no están funcionando, cámbialas pero no dejes de accionar. En resumen estos son los tres pasos sencillos que resumen el plan para alcanzar tus sueños, hacer que se hagan realidad. Pero aquí aprenderás a establecer tus metas en cada una de tus diferentes áreas, a tomar acción, para lo cual debes estar 100% comprometido, y tendrás que cambiar lo que no te está funcionando.

Identificando tus metas:

¿Qué quieres lograr?
¿Hacia dónde quieres caminar?

Esta es la materia prima para llegar al éxito

Tienes que tomar la decisión de triunfar, tú eres el que decide, nadie puede decidir por ti. Albert Einstein dijo: *"Antes que suceda cualquier cosa, hay que hacer algo"*.

Hay que trabajar y trabajar muy duro.

El trabajo duro tiene que ir acompañado de trabajo inteligente. Tomás Edison decía: *"Ser genio requiere 1% de inspiración y 99% de transpiración"*. Recuerdo en el año cuando estaba presentando mi tésis para obtener mi maestría; supuestamente ya todo estaba listo para que me graduara, mi tésis había sido aceptada. Pero me esperaba una gran sorpresa. El nuevo Decano de la Facultad, había entrado con muchas ganas, y con altos estándares de excelencia, así es que lo primero que hizo fue rechazar mi tésis. Trabajo que fue rechazado por 6 veces, estando en la cuarta ocasión, estuve a punto de dejar todo por la paz, y no graduarme; pero mi esposa me dijo: *"Debes terminarla, y si tienes que repetirla házlo, pero al graduarte vas a saber que valió la pena"*.

Ahora mira las siguientes estadísticas de las personas que llegan a los 65 años de edad.

Cuando se llega a los 65 años

36%	Mueren antes de los 65 años, causa principal: estrés
54%	Se retira. Vive de una pensión, ayuda familiar o caridad.
5%	Sigue trabajando después de los 65 años.
4%	Ha logrado alcanzar la seguridad económica
1%	Alcanza la libertad financiera.

Estados Unidos tiene las siguientes estadísticas:

Uno de cada dos matrimonios termina en divorcio.

El 67% de los universitarios no regresan al 2o año.

Un millón de personas se declaran en bancarrota cada año.

Tres millones de personas se vuelven millonarias cada año.

Todas estas estadísticas nos demuestran que el éxito o el fracaso dependen de las decisiones que se tomen. **"Cuando no planeas tu éxito, entonces estás planeando tu fracaso".**

Tus metas y objetivos deben ser claros.

Si no los escribes y trabajas hacia ellos, jamás los vas a alcanzar y vas que vuelas hacia el fracaso. La

Universidad de Yale realizó una investigación de un grupo de profesionales prodigio en 1963 de los cuales sólo el 3% tenía escritas sus metas; y después de 30 años sólo este 3% tenía: Matrimonios estables, éxito en sus trabajos y libertad financiera.

"Un plan equivocado puede llevarte al fracaso, pero no tener un plan te lo garantiza." **Anónimo**

"Es absurdo seguir haciendo lo mismo, y esperar resultados diferentes." **Proverbio chino**

La ley de Causa y Efecto
"Para cada acción hay una reacción"
"Vas a cosechar lo que siembras"
La pobreza o la riqueza, el éxito o el fracaso; son el resultado de alguna o varias causas
Mi salud, mis finanzas, mis hijos, mi matrimonio son el resultado de causas concretas.

"Yo construyo mi vida en base a mi forma de pensar".

Cada día que camino si no me acerco a mis metas (actúo para alcanzarlas) me estoy alejando de ellas. Si gastas más de lo que ganas; si inicias el mes sin un presupuesto; si usas tu tarjeta sin control, vas a ir a la pobreza; porque no tienes un plan administrativo. Toda causa tiene un efecto.

La ley de Causa y Efecto II

Causa	Efecto
Fumar	Cáncer
No hacer ejercicio	Mala Salud
Desorden alimenticio	Obesidad
No detalles, Infidelidad, no amor	Divorcio
Mala administración de las finanzas	Pobreza
Mala relación Padre e hijo	Rebelión

Sócrates le llamó: *La ley de la causa y el efecto.*
Newton le llamó: *la ley de la acción y la reacción.*
Emerson le llamó: *la ley de la compensación.*
Pablo le llamó: *la ley de la siembra y la cosecha.*

Cada acto crea su propia recompensa, y todo crimen es castigado, toda virtud es premiada.

Si tu trabajo es mediocre, tu resultado será también mediocre. Si te inscribes en un curso, ya es tu responsabilidad asistir a la clase, así es que no esperes puntos por no faltar. (Si te dan puntos por no faltar es darte reconocimiento por la mediocridad).

"Si decido ir sólo tras lo mejor de lo mejor, normalmente lo consigo". Debo ser extraordinario en mi forma de pensar, de ser y de actuar.

No quiere decir que una vez que traces tus planes, que establezcas tus sueños y que planees tus objetivos, todo va a ser fácil. No, no va a ser fácil; hay adversidades que superar, enemigos de los sueños que vencer, es por eso que necesitas soñar, necesitas creer y necesitas persistir hasta alcanzarlo.

Recuerda el pasaje bíblico de Mateo 14: 22- 34 que dice: *"En seguida Jesús hizo a sus discípulos entrar en la barca e ir delante de él a la otra ribera, entre tanto que él despedía a la multitud. Despedida la multitud, subió al monte a orar aparte; y cuando llegó la noche, estaba allí solo. Y ya la barca estaba en medio del mar, azotada por las olas; porque el viento era contrario. Mas a la cuarta vigilia de la noche, Jesús vino a ellos andando sobre el mar. Y los discípulos, viéndole andar sobre el mar, se turbaron, diciendo: !Un fantasma! Y dieron voces de miedo. Pero en seguida Jesús les habló, diciendo: !Tened ánimo; yo soy, no temáis! Entonces le respondió Pedro, y dijo: Señor, si eres tú, manda que yo vaya a ti sobre las aguas. Y él dijo: Ven. Y descendiendo Pedro de la barca, andaba sobre las aguas para ir a Jesús. Pero al ver el fuerte viento, tuvo miedo; y comenzando a hundirse, dio voces, diciendo: !Señor, sálvame! Al momento Jesús, extendiendo la mano, asió de él, y le dijo: !Hombre de poca fe! ¿Por qué dudaste? Y cuando ellos subieron en la barca, se calmó el viento. Entonces los que estaban en la barca vinieron y le adoraron, diciendo: Verdaderamente eres Hijo de Dios."*

En este pasaje hay varios principios acerca de las metas, de los planes, propósitos y sueños. En primer lugar vemos que los sueños deben venir del corazón de Cristo o de los pensamientos de Dios, Él es quien debe establecer nuestras metas, Él es el que nos da nuestra razón de ser. En el versículo 22 dice: "que Jesús hizo a sus discípulos entrar en la barca e ir a la otra rivera". La meta fue ir a la otra rivera, Él estableció la meta.

Cuando Moisés tiene un encuentro con Dios en la zarza que ardía y no se consumía, Dios estableció el sueño de Él, cuando le dijo: *"Ven, por tanto, ahora, y te enviaré a faraón, para que saques de Egipto a mi pueblo, los hijos de Israel"* (Ex. 3:10).

Cuando Dios llamó a Isaías le dijo: *"¿A quién enviaré, y quién irá por nosotros? Entonces respondí yo: Heme aquí, envíame a mi"* (Is. 6:8).

Cuando Dios habló con Jeremías, le dijo: *"Antes que te formase en el vientre te conocí, y antes que nacieses te santifiqué, te di por profeta a las naciones"* (Jr. 1:5).

En el encuentro de Pablo con Dios, cuando fue derribado de su orgullo y soberbia y fue llamado para cumplir su destino y alcanzar sus sueños. También fue Dios quien estableció sus metas a cumplir y los sueños que él debería lograr; cuando le dijo a Ananias: *"…Ve, porque instrumento escogido es éste, para llevar mi nombre en presencia de los gentiles, y de reyes, y de los hijos de Israel; porque yo le mostraré cuánto le es necesario padecer por mi nombre."* (Hch. 9:15,16).

Y qué podemos decir de Josue, de Caleb, de José; y de muchos más que pudiéramos mencionar. Pero el principio es el mismo: Dios pone los sueños en la vida de cada persona, Dios marca nuestro destino, y establece "nuestra razón de ser". No con un fatalismo y determinismo, pero sí con una expectación y esperanza, Él quiere que te atrevas a soñar sus sueños, que te atrevas a creer sus planes, y que consideres esto, Él te va a ayudar a cumplirlos. Él te va a inspirar para alcanzar cada uno de tus sueños, para lograr cada una de tus metas y para realizar con éxito cada uno de tus planes. A pesar del tiempo en que vivimos los principios no han cambiado; siguen siendo los mismos.

Cuando Dios te ayuda a establecer tus metas, no quiere decir que no vas a encontrar obstáculos, que no vas a enfrentar problemas, pero sabes una cosa: El Creador de todo el universo, el Todopoderoso, el inmutable, va a poner a tu disposición todos los recursos necesarios para que tú no fracases, sino para que alcances con éxito cada uno de tus sueños.

Volviendo al pasaje de Mateo, en el versículo 22 dice: *"Jesús hizo a sus discípulos entrar a la barca..."* Esa palabra "hizo" en el original griego, también da la pauta para traducirlo como "Obligó" o sea que Jesús los introdujo a la fuerza en la barca. Investigando un poco más sobre el pasaje descubrí, que cuatro de sus discípulos eran pescadores, así es que conocían el mar, y ellos sabían que iban a enfrentar una tormenta, por eso no querían ir. Lo mismo nos pasa con nuestros sueños, que a veces vemos los problemas y nos desistimos de seguir tras ellos, vemos al igual que los discípulos las circunstancias y no queremos seguir tras nuestros sueños.

A veces las circunstancias son económicas, y consideramos que no tenemos el dinero, ni los recursos necesarios para lograr la empresa que nos hemos propuesto realizar. A veces son personales, ya que pensamos que no tenemos las cualificaciones, que nos falta personalidad. Pero quiero decirte que tú tienes dentro de ti todas las cualificaciones necesarias, y por eso precisamente son sueños, metas, objetivos. *"Un sueño que no es mas grande que tu capacidad, no es digno de ser un sueño digno de alcanzar".* Nuestros sueños deben ser más grandes que nosotros, más grandes que nuestras capacidades y más grandes que nuestros recursos.

Los discípulos ya iban encaminados hacia su meta, hacia su objetivo, hacia su sueño; pero en medio de ese proceso enfrentaron miedos, dudas, temores, ¿Y qué tal si se equivocaron? ¿Qué tal si esa meta no era para ellos? ¿Si ese no era el sueño que deberían alcanzar? En medio de la tormenta al tratar de alcanzar sus sueños, tuvieron miedo. Gritaron; e indiscutiblemente tú también has pasado por eso, te ha dado miedo, pero sabes que fue también en medio de esa tormenta que vieron la mano de Dios de una forma sobrenatural. Así es que tú también tienes los recursos divinos a tu favor.

Moisés cumplió sus sueños, sacó al pueblo de Israel de la esclavitud de Egipto. Isaías fue profeta, mensajero enviado por Dios, Jeremías cumplió su ministerio, Pablo cumplió a cabalidad cada una de las metas propuestas por Dios mismo, y sabes que José alcanzó sus sueños.

Aún los discípulos terminaron su recorrido triunfalmente. En el último versículo que mencionamos del pasaje dice: *"Y terminada la travesía, vinieron a tierra de Genezaret"* (Mt. 14:34). Por eso como te dije en la introducción de este libro: "Nos vemos del otro lado de la rivera" Porque tú vas a alcanzar tus sueños.

El Poder De Esta Famosa Máquina Llamada Cerebro

Esta es la máquina más poderosa que existe en el universo (mucha de nuestra información está en el subconsciente). Tres libras de masa encefálica con un billón de neuronas, 15 centímetros entre oreja y oreja.

Inconciente: Aquí el acceso de información es lenta: ¿Qué cenaste hace tres meses? ¿Dónde estuviste hace un año en este mismo día?

Conciente: Aquí el acceso de información es rápida: ¿Cuál es tu número de teléfono? ¿Cómo se llama tu mama? ¿Cómo se llama tu cónyuge?

Lo que determina cómo respondemos, es dónde se encuentra almacenada la información. El nombre de tu cónyuge está en la memoria de acceso rápido. Hay dos requisitos básicos para guardar la información en la memoria de acceso rápido: la percepción de importancia y la repetición constante.

¿Dónde piensas que deben estar tus metas, objetivos, éxitos, buenos hábitos? ¡Por supuesto que sí! ¡En la memoria de acceso rápido! Repite y actúa sobre lo que quieres alcanzar todos los días, ese es el lenguaje del cerebro para programar tu memoria. El cerebro piensa en imágenes, no en palabras.

El poder de la visualización: *"tú nunca logras aquello que quieres, sólo logras aquello que logras visualizar"* Zig Ziglar.

El cerebro transforma en imágenes todas las palabras que escucha. El cerebro no distingue entre lo que es real y lo que es imaginario. En base a los pensamientos que tengas, e inclusive produce reacciones fisiológicas. Por ejemplo si te imaginas que tomas un limón, que lo partes, lo hueles y lo exprimes en tu boca, seguramente en tu boca vas a pasar saliva, además tu cara dependiendo si te gusta o no el limón, así van a ser tus reacciones.

Ten cuidado con lo que piensas, porque puedes conseguirlo. "Ten cuidado de ti mismo y de la doctrina". Cuando Jacob trabajó para su suegro Laban, y le cambió muchas veces su salario, usó el poder de la visualización para poder obtener un salario justo.

El diálogo interno me puede levantar o destruir.

Mantén siempre la relación palabra-imagen. Ya que nuestras propias imágenes nos pueden limitar.

Aprende a utilizar el proceso de la visualización positiva para alcanzar tus sueños. Toda actitud o sentimiento interno, se refleja en tus acciones externas.

Una investigación tomo a tres grupos que tenían un 22% de efectividad en el enceste de la pelota. Así es que al primer grupo le dijeron que practicara todos los días durante media hora durante un mes. Al segundo grupo le dijeron que se visualizara durante media hora diaria encestando sin fallar; y al tercer grupo le dijeron que se visualizaran durante media hora diaria encestando sin fallar y después tenía media hora de práctica. El primer grupo subió al 32%; el segundo a 42% y el tercero al 86%

La creación física está presidida por una creación mental: Disney veía todo terminado antes siquiera de estar construido, lo mismo paso con José, con Jacob.

Así es que tú tienes que pensar: Se que todo saldrá bien, amo hablar en público, será un éxito esta charla.

Tu cerebro no entiende la palabra NO. Por ejemplo imagínate un árbol frondoso, junto a el corre un riachuelo, en las hojas del árbol hay un nido con pájaros petirrojos, el árbol es verde, frondoso, con ramas muy extendidas que dan una excelente sombra. Ahora tu llegas y te recuestas a la sombra de él, ahora no te imagines que comienza a llover. Seguramente no pudiste evitarlo, e indiscutiblemente te imaginaste la lluvia.

Así es que en tus metas nunca utilices la palabra no. Por ejemplo no debes decir: No quiero fumar, no quiero engordar; por el contrario debes declarar, quiero tener una buena salud, mis pulmones están sanos. Este principio también funciona con los hijos, cuando les dices no corras por aquí, su cerebro no esta programado para entender la orden en negativo. Pero si le dices: Hijo me gustaría que cuando pases por aquí lo hagas despacio; seguramente te obedecerá más.

Examinando nuestras creencias: hoy podemos reprogramarnos para el éxito. normalmente el ser humano busca hacer todo lo que le produce placer, y rechaza todo aquello que le produce dolor.

"Toda persona que cree que puede, y toda persona que cree que no puede, está en lo correcto" **Henry Ford.**

Muchas veces nuestros pensamientos nos limitan; por ejemplo cuando decimos: "Soy malo para los negocios", "Yo no puedo dibujar". Tenemos que reevaluar todas estas premisas que nos han llevado a limitarnos.

Si tengo premisas falsas, dañinas o erradas, producirán conductas limitantes y nosotros mismos nos haremos daño. Porque nuestra mente trabaja en base a la predisposición que le hemos dado a través de premisas que son avaladas por nuestra conducta. (Esto es parte de la conducta aprendida). En un laboratorio, les daban descargas eléctricas a unas ratas cada vez que se acercaban al plato de comida, después los científicos cambiaron la comida por una más apetitosa, y quitaron la descarga, pero como ellas ya habían aprendido una conducta, dejaron de comer y al final murieron. Porque habían aprendido que cada vez que se acercaban a la comida eran castigados, y aunque ya no tenía la descarga, tenían una conducta aprendida.

El futuro no tiene que ser igual al pasado, y fracasar no te hace un fracasado. Debemos cuestionar todas las expresiones que tenemos en nuestra vida, y hay diferentes tipos de creencias:

En 1980 la IBM era líder en computación; pero creyó que era una idea que pronto pasaría de moda. Pero Bill Gates, creyó que llegaría el tiempo en que en cada casa habría una computadora.

Creencias Generales

La vida es:	
La gente es:	
Yo soy:	*Estas son las creencias que yo quiero que gobiernen mi vida. Yo soy lo que Dios dice que yo soy.*

I Real sacerdote I Nación santa I Plenamente amado
I Pueblo adquirido por Dios I Nacido para triunfar I

Ahora escribe dos creencias generales positivas y dos negativas que tú tengas:

Positivas:
1. _____
2. _____

Negativas:
1. _____
2. _____

Las creencias relativas o condicionales

"Si soy rico, entonces es porque tuve éxito"
"Si mi hijo me respeta entonces es que me ama"
"Si mi papa me ama, entonces me va a dejar hacer lo que yo quiera"

Cómo nos limitan las creencias: Aún cuando tenemos éxito, ese éxito nos limita al creer que eso podemos hacer y que sólo para eso nacimos, y que ya no podemos hacer otra cosa.

Las experiencias pasadas; tal vez una mala experiencia en la niñez, te han limitado. Por ejemplo tal vez a los seis años de edad hiciste un dibujo que no te salió bien; y eso te ha limitado desde ese tiempo en esa área y no lo has vuelto a intentar. Imagínate en este tiempo estar trabajando con la versión de 1970 en tu computadora; el sistema operativo MS dos ya está obsoleto.

En 1903 el director de los juegos olímpicos dijo que el record para correr una milla era de 4 minutos y 12 segundos, y que jamás se podría superar; y los médicos dijeron que el cuerpo no podía resistirlo y que el corazón podía explotar. Y por casi 60 años nunca esta marca fue superada. Hasta que Robert Barns se desprogramó y rompió el record y vivió; y cuatro meses después cuatro corredores en una sola competencia habían recorrido una milla en menos de cuatro minutos.

Re-Inventarse y autorrealizarse. Donde quiera que tú mires te encontrarás con personas y organizaciones que parecieran ir «a media máquina», que no logran sus objetivos aún cuando han puesto todas sus energías disponibles en ello.

Puede que incluso sea tu propio caso. Tú has puesto todo tu empeño y has dejado lo mejor de tí para alcanzar tus metas, para avanzar en tu carrera profesional o sacar adelante tu proyecto y sin embargo, muchas veces te sientes decepcionado por los resultados obtenidos.

Es en ese contexto en donde aparece la idea de «reinventarse». De detenerse por un momento, respirar profundo y meditar acerca de nuevos caminos, de buscar nuevas formas de ser y de hacer.

Es aquí donde se apela a la creatividad, palabra que está siempre presente cuando hablamos de cumplir objetivos, aprovechar mejor los recursos o encontrar mejores oportunidades.

C3

Tal vez, Sea Hora De "Re-inventarse"

¿Cuántos profesionales se ganan la vida a través de aquello que estudiaron durante tantos años? Las cifras dicen que más del 70% de los periodistas titulados no trabajan en periodismo y que algo similar ocurre en el caso de arquitectos, ingenieros, diseñadores, músicos, etc.

Son miles de personas que han invertido mucho tiempo de sus vidas, recursos financieros y que muchas veces han debido hacer enormes sacrificios para lograr una formación profesional y que luego de ella no logran cumplir su anhelo de vivir gracias a aquello que es su vocación, sino que por el contrario, les produce frustración.

Pero en cuanto al grado de felicidad que tenemos por nuestro trabajo las cifras son peores. En una reciente encuesta, más del 85%

de las personas se declaraban poco felices o definitivamente infelices en sus trabajos.

Tal vez no necesitemos de las estadísticas para comprobar esta decepcionante verdad. Lo vemos a diario en casos de amigos, hijos o incluso puede que sea nuestra propia situación.

Quizá por ello el libro "Re-invéntate", se haya convertido tan rápidamente en un referente para emprendedores, profesionales y formadores que buscan cambiar esta realidad, pues muestra las razones y plantea un camino alternativo.

Los autores expresan que nuestra obsesión por copiar modelos, por competir casi obsesivamente ha terminado por convertirnos en individuos "promedio". En verdaderos "commodities humanos", personas sin sello propio y fácilmente reemplazables.

No trates de ser perfecto.

En una cautivadora narrativa el libro nos dice que un trabajo o un negocio deben tener como propósitos irrenunciables la estabilidad financiera y la autorrealización. Ambos deben cumplirse a la vez y si no es así, ello derivará en dolor y decepción.

Re-invéntate plantea que la única posibilidad de hacer de nuestras vidas algo realmente apasionante es ser radicalmente diferentes al rebaño. A través de casos reales nos muestra cómo descubrir y enfocarnos en aquello que nos hace distintos, para luego combinar esos factores y crear algo verdaderamente único.

La historia de Dolly, la oveja transgresora, contenida en esta obra, merece comentario aparte. Es un relato emotivo y lleno de enseñanzas en donde el lector se siente profundamente identificado. Dolly es un personaje que transita desde su niñez feliz y despreocupada a una madurez gris en la cual se ve visto obligada a renunciar a sus sueños, pero que toma conciencia de que la vida se pasa y debe tomar las riendas de ella antes de que sea demasiado tarde. El mensaje de Re-invéntate es claro: No trates de ser perfecto o perderás los mejores años de tu vida.

Ama tus diferencias porque allí están las energías que te permitirán construir tu propia felicidad e irradiarla a quienes más amas. Este libro está escrito para todos aquellos positivamente inconformistas que buscan "salir de los promedios". Es altamente recomendable para emprendedores, personas que dirijan equipos humanos y, especialmente para profesores y padres.

Autorrealización

Sin embargo, en nuestra vida cotidiana, estamos tan poco familiarizados con la esencia y aplicación de la creatividad que en la práctica ese intento de «salir adelante» se reduce nuevamente a tratar de hacer, ahora con mayor empeño y esfuerzo algo que no está dando los frutos que se buscan.

De hecho, mayor esfuerzo, mayor energía, más recursos para lograr que las cosas sucedan como queremos, no son precisamente señales de creatividad.

La verdadera creatividad nos hace más simple el camino hacia nuestro desarrollo y nos acerca a nuestros objetivos con el menor desgaste posible. De lo que estamos hablando aquí, utilizando palabras como objetivos, propósitos o éxito, no es otra cosa que de autorrealización.

La autorrealización implica desarrollar nuestras capacidades y utilizar nuestras energías internas más poderosas. Significa satisfacer aquellas necesidades superiores que nos impone nuestra propia naturaleza individual. Ello es tan imperioso para nuestro espíritu, como lo son las vitaminas para nuestro cuerpo.

Esa simple idea es la que nos impulsa a pensar que la felicidad no es un estado al que se llegue por ganar una carrera en la cual competimos. Pensamos que se llega por el amor y el respeto a nuestra individualidad, a todo aquello que nos hace distinto de otras personas.

Ese amor a lo que en verdad somos también se irradia para comprender a los demás y darnos cuenta que en definitiva, la autorrealización, no depende de la competitividad, sino del desarrollo de esa combinación única de genes, conocimientos, experiencias, pasiones y talentos que somos cada uno de nosotros.

Hoy, estamos convencidos que es necesario un gran

cambio y por ello hemos sentido la necesidad de expresar que somos parte de una gran causa basada en los Valores del Ser.

Esos valores, según el maestro Abraham Maslow, identifican a las personas autorealizadoras. A aquellos individuos que sienten un llamado superior que les exige tomar conciencia de sí mismos y crear las condiciones para su propio desarrollo.

Valores de las personas autorealizadoras

Autonomía y autodeterminación: No necesita tratar de ser otro, sino ser mejor en relación a sí mismo. Se siente responsable y arquitecto de su vida. Para esta persona no hay culpables de sus estados negativos, pero siempre siente agradecimiento por sus momentos de felicidad. Alto sentido de la autoestima basada en la superación de temores y en la confianza en su propio actuar.

Integración: Tendencia a interrelacionar, unir y superar las dicotomías o contradicciones. A asumir y equilibrar, los opuestos de cada aspecto de su vida.

Verdad, belleza y bondad: La compasión, entendida como amor por los demás y por la realidad. Búsqueda del placer estético, a través de la pureza y la transparencia. Rectitud y benevolencia. Valores profundamente democráticos. Habilidad de separar los medios de los fines. Búsqueda permanente del conocimiento y la verdad.

Alegría de vida: Gozo, espontaneidad, humor carente de crueldad. Estado de amor y celebración.

Inconformismo y habilidad para alzarse sobre las circunstancias: Búsqueda de superación. Inconformismo positivo y creador. Transgresor en el sentido de no aceptar moldes que impidan su bienestar y desarrollo. Su creatividad está al servicio de superar las condiciones adversas y crear un mundo mejor para él y para todos a quienes ama.

Propósito superior: Sentido de realización y plenitud. Necesidad imperiosa de cumplir un propósito que va más allá de lo cotidiano. Profunda identificación con la raza humana, sin perder su unicidad o individualidad.

Espiritualidad: Búsqueda de un conocimiento y emocionalidad superior. Necesidad de trascendencia. Sentido de madurez e inocencia infantil al mismo tiempo. Humildad y rendimiento ante las experiencias cumbre. Ante la maravilla de la propia existencia.

Cómo Reprogramarnos

1. Aceptar que fuimos programados para la mediocridad (despertar a esta realidad)
2. Pero fuimos creados para la grandiosidad (Debemos aceptarlo) Ninguno fue creado para ser mediocre, desde el mismo momento de ser engendrado ya nacimos vencedores.
3. Tomar acciones específicas para sustituir la programación negativa por programación positiva.

Por ejemplo cuando yo digo: "Nada me sale bien", "Nadie me quiere", "Todos me rechazan" mi mente escucha: Eres un fracasado. Por el contrario debo preguntarme: ¿Qué es exactamente lo que no me ha salido bien? ¿Antes qué cosas me salieron bien? (Debo replantear mis preguntas).

Nota: ahora en tu cuaderno escribe ese tipo de preguntas en algunas cosas que no te han salido como tú habías pensado. La calidad de las respuestas, dependerá de la calidad de preguntas que hagas.

Pasos para desprogramarnos y reprogramarnos

Antes que nada quiero recordarte que es necesario que pongas en practica cada una de las sugerencias que te voy haciendo en el transcurso de este libro, y creo que si has estado leyendo hasta este momento es porque realmente quieres alcanzar tus sueños, recuerda que todo sueño sin acción se convierte solo en una ilusión, así es que manos a la obra.

1. Identifica por lo menos tres creencias que te han limitado para alcanzar el potencial que Dios te ha dado; a continuación te doy una ideas, pero tú tienes que identificar las propias, las que tienen que ver contigo y con nadie más: "Soy muy viejo" "Soy muy joven" "Soy mujer" "Soy hispano" "No hablo ingles" "Nadie me quiere" "No tengo los recursos necesarios" "No tengo la educación pertinente".

2. Descubre cómo llegaron a ti esas creencias: ¿Quién las puso en tu mente?: ¿Tus padres? ¿Algún maestro?

¿Tus amigos? A Einstein un médico lo diagnosticó como retrasado mental; y su profesor dijo que ya no debería ir a la escuela, porque era una distracción para sus compañeros. Nadie recuerda el nombre o el logro de ese profesor o ese doctor, ni de sus compañeros de clase, pero todos sabemos quién fue Albert Einstein.

3. Ahora pregúntate si esas expresiones tienen validez: No dejes que tu pasado te paralice; por muy trágica, frustrante o mediocre que hayan sido las experiencias de tu vida en el pasado. Recuerda que el "hubiera" es un tiempo que no existe. *"Si hubiera"*... Esa frase no existe. *"Debemos aprender de nuestros errores"*. *"Bástele a cada día su propio mal"* (Mt. 6:34). El pasado ya pasó, no existe.

¿Cuándo decimos "si hubiera"? Decimos si hubiera cuando estamos arrepentidos o estamos con la incertidumbre o duda de algo que hicimos, o dejamos de hacer por alguna razón. Es decir, ¡Cuando las cosas no salieron como pensábamos o deseábamos!

4. Identifica lo negativo, el daño y el dolor que te han producido estas creencias: ¿Qué fracasos te han dado? ¿En que áreas te han hecho mediocre?

5. Ahora programa tu subconsciente para que elimines estas expresiones de tu vocabulario. Toma la decisión de hacerlo. Sustitúyela por una nueva creencia.

6. Escribe ahora todos los efectos positivos que vienen como resultado de adoptar esta nueva creencia.

7. **Visualízate desde esta nueva perspectiva:** Cuando los estudiantes universitarios empiezan una carrera es porque se imaginan ejerciendo esa profesión. Se imaginan el día que reciban su titulo y la alegría que va a significar alcanzar esa meta. De la misma manera tú debes verte ya al final de tu meta. Dios mismo nos enseña a vernos así, por ejemplo cuando dice: "que nosotros ya estamos sentados juntamente con Cristo".

C 4

Identificando Tus Sueños y Aspiraciones

Este es uno de los pasos más importantes, ya que al identificar a dónde quieres llegar, producirá la materia prima para poder trabajar en lo que realmente quieres lograr.

¿Qué camino debo tomar? Pr. 22:6 ; Fil. 4:13; Jn. 15:16. Eso depende solamente de saber a dónde quieres llegar.

"El valiente corre el riesgo de morir pronto, el precavido corre el riesgo de morir sin haber vivido". A cada uno de nosotros Dios nos marcó un camino, Él ya tiene un propósito definido para nosotros, no hay nada que salga fuera de su control. El fin último de nuestra existencia es "manifestar la gloria de Dios" (1 Co.10:31).

"Muéstrame un obrero con grandes

sueños y en él encontraras a un hombre que puede cambiar la historia. Muéstrame a un hombre sin sueños y encontraras a un simple obrero" **JC Penny.**

El autor de "La magia de pensar en grande", David Swarts; realizó una encuesta de opinión de solamente cuatro preguntas.

1. ¿Por qué te has levantado hoy? Y la mayoría de las personas le respondió: "Porque tengo que trabajar".

2. ¿Por qué vas a trabajar? Era su segunda pregunta, y el 90 % de los encuestados respondió: "Pues para poder comer" al obtener esta respuesta hacía la tercera pregunta, aunque a estas alturas algunos de los encuestados ya estaba un poco molestos.

3. ¿Y para qué quieres comer? La gran mayoría con cinismo y sarcasmo le respondían: "Pues para poder vivir" y entonces hacía la cuarta pregunta.

4. ¿Y para qué quieres vivir? A estas alturas, ya muchos muy molestos, le contestaban: "Pues, para poder levantarme e ir a trabajar".

Si te das cuenta, realmente estas personas no tenían sueños, aspiraciones, metas. No habían encontrado su razón de ser en la vida. *¿Sabes realmente quien eres?* Las preguntas existenciales mas conocidas de todos los tiempos son:

¿Quién soy? ¿De dónde vengo? Y ¿A dónde voy?

Mt. 16: 13-17; Jesús mismo preguntó, ¿Quién dice la gente que yo soy? ¿Quién dicen ustedes que soy yo? Si tú no has alcanzado todas tus metas; es porque realmente no has puesto en tu vida metas lo suficientemente grandes.

Empieza con el cuadro grande en mente: Armar un rompecabezas sin la imagen de lo que tenemos que armar es imposible. Una de las herramientas más increíbles que Dios nos dio es una que los cristianos a veces usamos bien poco: la imaginación. Dice Proverbios 29:18 que el pueblo sin visión perece.

Es indispensable tener el fin futuro en mente para tener fuerza en el presente. Las personas que alcanzan éxito en lo que emprenden no son personas que dependen del azar sino que tenían una imagen mental de lo que deseaban. Si eres joven tienes como medio siglo por delante, ¿A dónde quieres llegar?

Me encanta la definición de fe que da Hebreos 11:1: *"La fe es la certeza de lo que se espera, la convicción de lo que no se ve"* ¿Qué es la certeza de lo que se espera? sino una imagen mental de lo que viene; acompañada de una seguridad interior de que va a ser así.

Pero el diablo también sabe de la ayuda que es incentivar nuestra imaginación para establecer metas. Por eso constantemente trata de enchufarnos imágenes negativas y de fracaso. Lo hace a través de las palabras de tus compañeros de escuela, a través de tus profesores, lo hace al hacerte comparar con falsas imágenes que vienen de los medios masivos de comunicación y hasta puede usar a tus papás para achatar tu imaginación positiva. Muchas cosas se van a poner entre ti y una imagen de a dónde quieres llegar. Pero tienes que pintar el cuadro con fe. Ponle muchos colores y sonido estéreo surround. Al empezar algo debes tener el fin en mente. Eso es lo que te va a movilizar en el camino para lograrlo. Dos consejos prácticos más: escribe tus sueños y compártelos con otras personas.

Planea en partes pequeñas.

Entre la estación de salida y la estación de llegada hay varias estaciones intermedias. Llegar a cada una nos acerca a la final. Muchos fallan en que sueñan cosas grandes para el futuro pero ven lo que hacen hoy como si no tuviera ninguna importancia. Escuché decir que el éxito es la suma de pequeños esfuerzos que se repiten día tras día. El que lo decía tenía razón. Nada grande se crea de repente.

Recuerda esto: "¡Siempre vas tener que hacer algo que no te agrada!". Las personas que viven escapando a este desafío y se quedan en la queja, pierden. Las personas que cumplen con la voluntad de Dios para sus vidas son aquellas que ven cada cosa que les toca pasar como una oportunidad para aumentar el conocimiento y extender la capacidad de pasar situaciones difíciles

Lo que te toca vivir hoy es una etapa para alcanzar el éxito y debes planear como superarla. Cuando tenemos proyectos lejanos tenemos que hacer una lista de los pasos necesarios para llegar a ese destino. La primera clave tiene que ver con el largo plazo. La segunda tiene que ver con el corto plazo empezando por hoy. ¿Qué voy a hacer distinto este mes? ¿Cuántos amigos nuevos quiero hacer? ¿Cuántas cartas voy a escribir cada mes? ¿Qué malos hábitos voy a vencer este año? ¿Cómo voy a hacer oídos sordos la presión de mis compañeros? ¿Qué nuevo deporte voy a probar? ¿Cómo voy a crecer en mi relación con Dios? ¿Qué libros voy a leer? Agarra esta: Nadie planea fallar pero muchos fallan por no planear. El mejor arma no tan secreta para ayudarnos es un calendario. ¿Te pones tiempos límites para terminar algo? Ponernos presión con tiempos límites nos ayuda en la aventura de llegar a lo que nos proponemos.

Volvamos al sueño grande. ¿Conoces a personas que han llegado a donde te gustaría llegar? (Quizás no conoces una en vivo y en directo pero hay muchos libros biográficos que no muerden.) Investiga sus vidas. ¿Qué necesitaron para llegar a donde llegaron? ¿estudios? ¿contactos? ¿disciplina? ¿fe? ¿oración? ¿superar pruebas? Muy bien, tienes que establecer planes y estrategias en oración para tener las mismas cosas.

Por ejemplo los estudios. Si necesitas llegar a la universidad debes terminar el bachillerato (High School o preparatoria). Si necesitas un master debes terminar la universidad. Por cierto que muchas veces no sólo es pasar las etapas sino CREARLAS. Planear metas más fáciles y más realistas hoy que me van a ayudar a ganar experiencia o lo que sea que necesito para llegar a mi proyecto futuro.

Comprométete con tus decisiones. Los sueños son

cosa seria. Si los tomamos como algo "light" perderán su potencial. Muchas voces a tu alrededor te van a decir que hay que ser realistas y prácticos y que debes bajarte de los sueños. Claro que todos debemos ser honestos con nosotros mismos y también realistas pero no fueron los realistas los que trajeron el progreso al mundo. Las ciencias médicas se desarrollaron en base a personas que imaginaron algo imposible para su momento.

La tecnología se aceleró en base a soñadores que visualizaron un mundo mejor con la ayuda de algunos artefactos locos y todas las ciencias progresaron por que alguien tuvo un sueño.

Una de las declaraciones más estúpidas de las historia fue la de Charles H. Duel de la comisión de patentamientos de Estados Unidos en 1899. Duel escribió un articulo titulado *"Todo lo que puede inventarse, ya ha sido inventado"*. Seguro que Carlitos H. Duel pensó que era realista. La historia le respondió con el cine, las computadoras, la aviación comercial y la licuadora de tu mamá. Pero hay algo importantísimo que lleva un sueño a hacerse una realidad y es la determinación del que lo tiene a que el sueño se haga real. Thomas Edison el inventor de la lámpara eléctrica dijo: *"El éxito es 10 por ciento inspiración y 90 por ciento transpiración"*. Esa transpiración se trata de trabajo, esfuerzo y disciplina.

Comprometerte con tus decisiones significa constancia, pasión e inversión. En la iglesia hacemos mucho énfasis en tomar las mejores decisiones pero quizás lo más difícil es mantenerlas en el tiempo. La constancia en una gran decisión es la suma de una infinidad de veces que volvemos a hacer la decisión. La pasión tiene que ver con la energía de tu corazón y a esto hay que estar atentos porque la energía del corazón es como el tanque de gasolina de los autos. Hay que volverlo a cargar. Siempre va a haber circunstancias que te saquen la energía por eso debes buscarte formas de cargarte las pilas.

Lo primero es estar bien conectado a la turbina del Espíritu en una relación íntima, diaria y de amor con el Dios de los sueños. Otras formas de cargar pilas: nunca dejar de ir a la iglesia, semanalmente hacer algo que te gusta y te hace bien, buscar materiales que tengan que ver con tus decisiones y sueños (por ejemplo buenos libros o videos), buscar personas que tienen el mismo interés y de nuevo nunca perder tu comunión personal con el Creador. ¡Acuérdate que nadie más que Él quiere lo mejor para tu vida!

Dios tiene un container de proyectos para tu generación. Tú no puedes quedar afuera. Tienes que sintonizar la radio del cielo y escuchar la voluntad del creador: Él quiere que alcances sueños grandes.

Visualízate Ya en la posesión de tus sueños. Construye la película de tu vida, con sueños, metas y propósitos personales. Esto se debe hacer en tiempo presente. Se real y especifico.

Walt Disney, Cristóbal Colon, Bill Gates, por

mencionarte a algunos practicaron la visualización. También lo hizo José, Jacob, Caleb, Cristo, Pablo, por mencionarte a otros.

> *Visualízate*
> ¿Qué casa tienes?
> ¿A dónde has viajado?
> ¿Cómo es tu familia?
> ¿Qué nueva profesión o aptitud tienes?
> ¿Qué tipo de automóvil tienes?

Guías para escribir tus metas o sueños: ¿Cual es tu sueño?

Cuando las metas a corto plazo se convierten en un fin, la pasión se extingue.

Martin Luther King dijo tengo un sueño, no dijo tengo un plan estratégico. Esa "sutileza" cambió la vida de una nación. Son los sueños los que verdaderamente dan vida a los planes y estrategias que diseñamos para concretar nuestros proyectos.

1. Escribe tus metas como algo ya logrado y alcanzado: como algo que ya tienes, no como algo que apenas vas a realizar; Si dentro de 20 o 30 años se te pidiera que presentaras una lista de tus logros, de los cuales te sientas mas orgulloso. ¿Qué te gustaría escribir en esa lista? ¿Qué es lo que te gustaría compartir? Escríbelo como un sueño, no como una queja.

2. Si supieras que sólo tienes diez años de vida. ¿En qué te gustaría invertir ese tiempo? ¿Qué te gustaría dejar de hacer?

3. ¿Qué te atreverías a realizar, si tuvieras la certeza de que no vas a fracasar?

A qué te atreverías	
En lo espiritual	
En lo familiar	
En lo físico y saludable	
En lo intelectual	
En lo profesional	
En lo recreativo	
En lo económico	
En lo ético y moral	
En lo social	
En lo ministerial	

4. Haz aquí una lista de lo que harías con tu vida, si tuvieras todo el apoyo ilimitado de Dios, de tu familia, de tu iglesia; y los recursos financieros, personales, administrativos y ministeriales ilimitados.

Ser⟶ Hacer⟶ Tener ⟶Aprender

Dicen que las primeras víctimas de nuestra madurez son nuestros sueños. Con el paso del tiempo nos vamos volviendo cada vez más racionales y dejando poco espacio para la fantasía.

Pero el punto de partida de todo emprendimiento es

un sueño, una visión conmovedora que nos motiva y nos alienta. Esa es la visión que nos mueve posteriormente a crear planes y cursos de acción.

Los sueños no están limitados por lo que uno cree que puede o no puede hacer. Los sueños representan lo que uno realmente quiere que suceda, no lo que es posible que suceda.

Un emprendedor debe ser capaz de mantener lleno el tanque de los sueños mientras va trabajando metódicamente para que, muchos de ellos se conviertan en realidad...O como dice un amigo mío: Los pies en la tierra, pero los ojos en las estrellas.

"Aquello que puedes hacer, o sueñas que puedes hacer, comiénzalo. La audacia tiene genio, poder y magia" **Goethe.**

5 Pasos Para Hacer Realidad Tus Sueños

Estos pasos te van a producir FE, hay que creer para poder ver.

Es necesario recalcar que al referirnos a sueños, hablamos de una idea con un plan de acción y una fecha escrita (el resto son fantasías), y cuando hablamos de soñadores nos referimos al hombre con los pies en el suelo y los ojos en las estrellas.

Detente un momento a pensar que todo lo que te rodea es el resultado del sueño de una persona, tu reloj de pulsera, tu computadora, el lugar donde te encuentras ahora, tu ropa, los automóviles en la calle, absolutamente todo es el resultado del sueño de una persona, la diferencia es que fue una persona que no sólo fantaseó, sino una persona que tuvo el coraje de emprender lo que imaginó o soñó.

Según lo anterior, indudablemente un emprendedor necesariamente es un soñador, alguien que visualiza en su mente las cosas antes de que existan con tanta claridad que las convierte en realidades. Dicho de otra manera, un emprendedor necesita ser un soñador. En consecuencia, un emprendedor debe preocuparse y ocuparse en soñar.

El proceso de tener un sueño (una fecha con un plan de acción) comienza con una fantasía, cuando nuestras fantasías perduran en el tiempo nuestra mente las va convirtiendo poco a poco en posibles hasta que ponemos un plan de acción para hacerlas realidad, en ese momento estamos en la recta final para convertir un sueño en realidad.

El secreto, en consecuencia, consiste en tener el tanque de las fantasías siempre lleno con una actitud positiva ante todo los que nos rodea. Al ver la casa de tus sueños, imaginarte pescando en un lago, al ver un aviso de un viaje por el mundo, al observar una gran corporación, al estar con una persona ejemplar o que despierte nuestra admiración, al querer ser o conseguir algo, tú debes pensar sin las complicaciones de tu situación actual que "eso es posible para ti", no te detengas a analizarlo lógicamente, simplemente piensa que eso es posible para ti; si tú te lo tomas en serio. De esta manera tu siempre tendrás muchas fantasías que en el tiempo algunas podrán convertirse en sueños y luego en realidades.

Todos los logros de una persona son el resultado de un sueño y todo sueño parte de una fantasía. No todas las fantasías se convierten en sueños ni todos los sueños se convierten en realidad, pero este es el proceso.

Absorbe positivamente todos los logros de los demás que consideres buenos para ti. Mantén el tanque de las fantasías siempre lleno... para que de ahí puedas tomar tus metas, planes y propósitos para hacerlos realidad. Nunca dejes de soñar.

1. El proceso de la visualización positiva.

No te estoy hablando de que sólo veas y declares, ya que muchos se han ido al extremo de que con sólo declarar lo que ellos quieren lo van a obtener, y esto no funciona así. Para todo esto tienes que trabajar. Pero es muy importante que veas las cosas como si ya fueran una realidad. Dios mismo, llama a las cosas que no son como si fuesen.

La formación reticular: es un filtro sensorial, que permite que sólo la formación significativa pase a tu memoria activa de acceso rápido, y te permite ver las oportunidades diarias para lograr tus metas.

Consigue imágenes que te ayuden a visualizarte en posesión de lo que quieres realizar. Por ejemplo si tu meta es bajar 40 libras o 25 kilos, busca una foto de la persona que quieres llegar a ser y pégale tu rostro para que te veas desde ahora con ese cuerpo. Claro que esa es la primer parte del proceso, y esto por sí solo no produce los cambios pero sí ayuda.

La visualización es una técnica para relajarnos, meditar y algunos la usan para alcanzar metas determinadas como dejar de fumar. Consiste en enfocarse en una escena relajante, cada escena varía de persona a persona o imaginarse a uno mismo alcanzando alguna meta. Esta meta puede ser tener un día tranquilo, abandonar un hábito negativo, curar una enfermedad o alcanzar un nivel espiritual más alto, tú eliges tu meta.

A continuación una guía general para que tú puedas hacer tu propia meditación usando la técnica de visualización.

Encuentra un lugar tranquilo y silencioso. Donde puedas concentrarte sin interrupción. Siéntate cómodamente en una silla o en el piso, si prefieres puedes acostarte. Cierra los ojos. Respira profundo, siente como tu estómago se infla (puedes poner la mano sobre el estomago para sentirlo). Siente cómo aspiras y expiras. Respira profundo, siente como tu estómago se infla (puedes poner la mano sobre el estómago para sentirlo). Otra vez, siente cómo aspiras y expiras.

Ahora imagínate que estás en un lugar lleno de paz y tranquilidad. Dirígete en tu mente a un lugar donde puedes sentirte en paz, en calma, en quietud. Puede ser un lago, el mar, una colina verde, bajo un árbol. Familiarízate con la escena, el color de la grama, del cielo, la frescura del aire, los sonidos a tu alrededor. Vive tu escena, siéntete allí. Siente los dulces rayos del sol envolviéndote, el ritmo de los sonidos. Ahora que realmente te sientes allí, imagínate lo que te gustaría hacer. Quieres saltar como un niño, meterte al agua, correr libre o sólo disfrutar de la escena. Puedes hacer lo que quieras.

Ahora, si deseas puedes imaginarte cómo alcanzas alguna meta deseada. Cómo tienes paz durante el día, cómo te sientes de relajado y el estrés te abandona, o cómo alcanzas tu meta deseada. Imagínate cómo triunfas.

La técnica de la visualización es efectiva porque todo lo que hacemos comienza en la mente. También muchos de los factores que nos mantienen atados comienzan en la mente, cuando podemos liberarnos de estas ataduras consientes o inconscientes estamos liberando nuestra mente.

Si dejaste de soñar hace mucho tiempo, porque te diste cuenta que tus sueños no se realizaban, o si crees que soñar no es sólo cosa de niños, entonces no estás leyendo este libro por casualidad.

Con cada una de tus metas debes visualizarte como si ya lo estuvieras alcanzando, y logrando, mírate desde la casa que quieres tener, con la familia que anhelas formar y mírate como la persona que quieres ser, como si cada una de estas metas y sueños, ya los hubieras realizado.

Ahora lee el siguiente poema, que no encontré quien es el autor, pero es retante, y estimulante, y recuerda siempre que tú eres un triunfador y debes verte como tal.

El Verdadero Triunfador .

El verdadero triunfador tiene un Propósito con etapas y objetivos definidos. Es un estratega y un táctico a la vez.

El verdadero Triunfador es un guerrero. Pero un guerrero que lucha en silencio, contra enemigos que están dentro de sí mismo.

Un verdadero triunfador es un amante, porque ama con pasión su sueño, su propósito, sus metas y objetivos. Porque sabe que son los objetivos del Universo.

Un verdadero triunfador es un artista, porque aprende a poner perfección en lo que hace. Realiza su trabajo sin esfuerzo y lo transforma en una hermosa obra de arte.

Un triunfador planifica, Como buen general su estrategia y sus campañas también es un táctico y es un soldado bien entrenado en la Lucha, porque logra resultados concretos, sin temor a lanzarse al frente de combate Usando como herramienta sus Principios.

El verdadero triunfador tiene un ideal, un gran Propósito. Es un estratega y táctico a la vez, porque transforma sus ideas un proyecto con etapas, objetivos y estrategias; con metas claras y plazos de cumplimiento.

El inicia la lucha cuerpo a cuerpo cuando va por objetivos concretos. El triunfador no pierde energía ni tiempo en distracciones. Tampoco en batallas y situaciones que no le corresponden. No desperdicia su vida en fantasías que llevan a la frustración. Piensa lo que siente, dice lo que piensa, y hace lo que debe.

Un triunfador toma decisiones y avanza. Sus palabras tienen amor, fuerza, sabiduría y poder.

Un triunfador sonríe frente a la adversidad, camina rápido y lucha con persistencia y confianza por su propósito, por aquello que ama y desea.

El triunfador tiene una meta clara que será su Sol. Es fiel a sí mismo, al Universo y a su Propósito. Nunca desiste, nunca se desanima y nunca se queja.

El verdadero triunfador eligió el triunfo como Maestro y el triunfo lo eligió como discípulo Ya tomó la decisión Y el éxito será su destino.

Por ningún motivo se traiciona, ni traiciona a su sueño ideal. Tampoco traicionará jamás a su mentor. A aquel que le mostró el Camino. No lastima ni hiere a los demás. No responde a la burla, a la envidia o la mentira, menos a la traición.

El triunfador es un guerrero de actitudes internas, no necesita combatir o competir con los demás.

Para vencer, basta con la fuerza de su presencia, pues el verdadero triunfador es un hombre mágico. Su magia es sencilla. Nace de tres actitudes.

De su *humildad* para escuchar y aprender; de su *amor* para cambiar; servir a los demás, y de su *fortaleza* para no desistir hasta llegar al triunfo.

Su magia consiste en seguir un camino transparente. Un camino tapizado con un deseo ardiente. Un camino tejido y entrelazado, con las duras fibras de miles de decisiones certeras, objetivos planeados, compromisos responsables, esfuerzos perseverantes, metas precisas y resultados concretos.

Un hombre con un Propósito claro cumplirá sus sueños y objetivos cumplirá sin temores ni disculpas cada etapa de su plan y cada una de sus metas.

2. Repítelos constantemente en tiempo presente con convicción y entusiasmo.

Yo soy el mejor Gerente, Predicador, Padre, Maestro, etc. Yo peso 140 libras. Yo cumplo mis promesas.

Esto te va a ayudar a reformatear tu mente y a creerlas en tu memoria de acceso rápido; para así poder ponerlas en práctica.

3. Acepta el 100% de la responsabilidad por todo aquello que debes hacer para alcanzar tus sueños.

Nadie es responsable de tus fracasos, ni de tu

mediocridad. Si buscas una excusa, siempre la vas a encontrar. Si las usamos siempre vamos a encontrar aliados, o quienes las crean.

Si las uso, jamás va a cambiar mi realidad. Cada vez que usas una excusa tu situación actual no cambia, sigue siendo la misma, así es que las excusas no funcionan, y no te ayudan en nada. Deja de excusarte y de buscar culpables.

Amado Nervo dijo en uno de sus poemas: *"Veo al final de mi rudo camino, que yo fui el arquitecto de mi propio destino"*. Déjame decírtelo de esta manera, si no has triunfado es tu culpa, si tienes éxito también es el resultado de tus acciones. Tú eres el único responsable.

No tienen la culpa las circunstancias en que naciste, ni cómo estás viviendo, no son tus padres, ni tu esposa (o), no son tus hijos, nadie es responsable, mucho menos culpable de tu situación actual, de tu posición, ni de tu carácter. Tú eres el que determina si eres una persona reactiva o proactiva, nadie más lo puede determinar por ti.

Recuerdas que desde el principio de la creación, cuando el hombre falló, Adán le echo la culpa a Eva, Eva hizo lo mismo con la serpiente, y al final de todo fue Dios el culpable, ya que Él creo a la mujer y a la serpiente; el hombre no quiso asumir su responsabilidad; es tiempo ya de dejar de buscar culpables y de asumir nuestra propia responsabilidad por nuestros actos, pensamientos y actitudes.

4. Compórtate como lo que quieres ser, y actúa como si fuera imposible fracasar en tus propósitos:

Recuerda que alcanzar tus metas, sólo es cuestión de tiempo (eso es lo mas importante) Moisés esperó 40 años, José 14, Abraham casi 20. Pero siempre creyeron que iban a lograr sus metas. Imagínate a Abraham ir por el mundo declarando que "era padre de multitudes" y cuando le preguntaban por sus hijos, él no tenía ninguno. Eso es comportarse de acuerdo a sus metas, a sus promesas hechas, a sus sueños por alcanzar. ¿Cuáles son los tuyos? ¿Cómo te estas comportando? ¿Tu carácter, tu conducta, tus acciones van de acuerdo con tus metas y con tus sueños?

Cuando Dios te creo, tenía en mente ciertas tareas que Él quería que tú realizaras en la tierra. Por eso, te creó a ti con las habilidades idóneas para llevar a cabo esta obra mejor que cualquier otra persona. De igual manera, nadie puede alabar a DIOS o relacionarse con otras personas exactamente como lo haces tú. Tu sentido del humor es muy particular, y también tu manera de servir a los demás, de cantar, de contar historias, de levantar negocios y de decorar tu hogar. ¡Nadie puede hacer todo esto como lo haces tú!

Tú aportas algo al mundo que ninguna otra persona puede aportar. Dios se deleita en ti de manera muy especial. Ese destino único, ese sueño, eso especial que tú haces mejor que nadie está destinado a cambiar el curso de la historia. Hay un momento en la vida de toda persona en que su sueño y su destino pueden influir en la vida de millones y tal vez miles de millones de personas. En tu vida surgirán oportunidades que Dios ha planificado de ante mano para que tú puedas cumplir tu destino y así marcar para siempre a muchas personas. Tal vez hayas sido rechazado de adulto o quizás hayas vivido una vida completamente egoísta y sin sentido hasta este punto. Con todo, tú estás aquí por una razón especial, y esa razón se encuentra en el sueño que está en tu corazón. Así es comienza a comportarte como ese hombre o mujer que Dios de antemano planeo que tu fueras.

¿De dónde vienen los sueños?

Los sueños provienen de los hombres. Tu sueño ni siquiera se originó en tu persona. Mora en ti pero fue Dios quien lo puso en tu corazón ¡Él es la fuente de tu sueño¡ Cuando las personas sueñan sin tener a Dios en su vida, sus sueños son vacíos y poco gratificantes. Cada persona debe venir a Jesús para que sus sueños cobren sentido. De hecho sin Jesús una persona puede perseguir un sueño y un meta para su vida que Dios no ha puesto en ella. ¡Todos los sueños no son de Dios! Algunos sueñan con ser ricos y vivir desenfrenadamente y su sueño los impulsa a llevar una vida irresponsable y sin sentido. Otros sueñan con estafar, otros en cortejar y luego aprovecharse de una mujer. Esos son sueños impíos.

Dios creo a cada ser humano para tener un sueño. Un destino, una razon para vivir.

Pero si tu sueño viene de Dios nadie lo podrá parar. El primer paso para alcanzar tu sueño es establecer una relación personal con Cristo. Una vez que hayas establecido una relación personal con Cristo, puedes empezar a examinar tus sueños y decidir cuáles son de Dios. La pregunta más crítica y la que más hace la gente es ¿Cómo sé cuales sueños son de Dios? La respuesta es la siguiente:

Tú sabrás si tu sueño es de Dios si:
Es mayor que tú, requiere intervención divina para alcanzarlo
No logras soltarlo
Estarías dispuesto a dejar todo por alcanzarlo
Permanecerá para siempre
Satisface una necesidad que nadie más ha satisfecho.
Glorifica a Dios

Cuando hablo de "Sueños" no me estoy refiriendo a los pensamientos nocturnos que surgen cuando el cerebro de una persona examina y organiza los acontecimientos del día. Me refiero más bien a lo que tú desearías que fuera tu vida: lo que anhelas hacer, la manera en que quisiera hacerlo, y el tipo de persona que desearías llegar a ser. Tu destino y tú razón de vivir este envuelto en tus sueños y deseos, así como los datos genéticos se encuentran enterrados en una semilla. Ese sueño en tu corazón contiene tu ADN espiritual, que revela quién eres. Tu sueño es esa idea, esa visión para tu vida que quema dentro de tu corazón es algo que no puedes reprimir o ignorar por mucho tiempo. Te viene a la mente una y otra vez porque es parte de tu identidad, nunca te dejara tranquilo.

No hay hombre o mujer que no tenga un sueño, ya que Dios ha diseñado a todo ser humano para tener un sueño en su corazón. El descubrir y llevar a cabo tus sueños es la clave para sentirte realizado. Sin un sueño, la persona se sentirá frustrada en el presente, y no vivirá plenamente su futuro. Se ha dicho que nadie tiene el derecho de venir a este mundo y salir sin dejar atrás razones específicas y legitimas por haber vivido. Sin embargo, la mayoría de las personas no persiguen sus sueños.

Tal vez te hayas distraído con otras cosas que te han desviado de tu sueño, O tal vez te parezca que tu vida esta destinada a ser insignificante. En algún momento el barullo de la vida cotidiana te envolvió hasta el punto que perdiste de vista los designios y los propósitos de Dios. Pero la Biblia dice que Él nos conocía desde antes de la fundación del mundo (Ap. 17:8) Antes de que naciéramos, Él ya tenía un propósito para nuestra vida. Dice que el pastor nos conoce a todos por nuestro nombre. Él te conoce como individuo de una manera muy personal. Dios incluso dice: *"He aqui que en las palmas de las manos te tengo esculpido; delante de mi están siempre tus muros."* (Is. 49:16). Él se preocupa por ti, está siempre pensando en ti.

Cuando nosotros miramos una muchedumbre en un evento deportivo, un centro comercial o una plaza concurrida, vemos sólo una masa de gente; no distinguimos a cada persona. En cambio Él mira la muchedumbre y ve a cada persona individual. Para Él cada rostro es diferente, cada expresión cuenta una historia y en cada corazón hay un sueño que esta floreciendo.

5. Haz algo todos los días que te acerque al cumplimiento de tus sueños.

Esto te mantiene en movimiento y motivado. Un pobre plan puesto en acción, es mejor que un plan excelente sin ponerse en práctica. Ahora escribe dos o tres cosas como mínimo que vas a poner en práctica en las próximas setenta y dos horas como máximo.

A continuación anexo una reflexión que escribí desde hace algún tiempo; pero que la expongo con el mejor deseo de motivarte a seguir trabajando en los cambios que necesitas hacer en tu vida para encaminarte hacia donde quieres ir y no hacia donde te lleven otros. Aunque en el próximo capítulo lo trataremos de una forma más concreta y específica.

¿Por qué no hacemos lo que debemos hacer para ser y tener todo lo que queremos y ser felices?

En navidad y año nuevo es la época en que todos nos hacemos buenos propósitos de las cosas que queremos lograr para el año que comenzará, sin embargo pocos son los que lo llevan a cabo. Escribir una meta y planear su consecución con la ayuda de tu agenda, enfocándote en ello todos los días, requiere de un compromiso, requiere de desearlo verdadera y apasionadamente y requiere de la persistencia cada día de trabajar en los pasos que se necesitan para ir alcanzando el objetivo, y eso es lo que pocos logran.

Pasos para lograrlo

1. Escribir la meta
2. Sentir un deseo profundo de alcanzarla
3. Comprometerse para lograrla
4. Desmenuzarla en los pasos que se requiere para completarla
5. Planear el cumplimiento de cada paso hasta terminar
6. Trabajar en ello aunque no te sientas bien ni motivado

Todos sabemos esto, entonces… ¿Por qué no hacemos lo que debemos hacer para ser y tener todo lo que queremos y ser felices?

¿Te das cuenta de que tu felicidad depende de los pequeños éxitos que vayas logrando cada día?

¿Te das cuenta de que tu salud depende de que tengas una vida tranquila y con el control de todo lo que gira a tu alrededor?

¿Comprendes que el estrés viene de sentirnos preocupados y angustiados por no estar haciendo lo que queremos y debemos hacer y con ello nos vienen problemas de salud?

Con el tiempo que llevo organizando mis cosas, manteniendo mis documentos en orden, planeando mis actividades para aprovechar mejor mi tiempo, me he dado cuenta de que soy mucho más feliz, de que he dejado atrás muchos problemas que tenía de salud por el estrés y la angustia, que me siento mucho más satisfecho con la vida y conmigo mismo por todo lo que estoy logrando, que he alcanzado mucha más confianza y me siento más seguro de mi mismo, y con ello he observado que soy hasta más audaz porque tengo la confianza de que estoy haciendo lo correcto, ya que me he tomado el tiempo necesario para prepararme en lo que mis metas requerían. Tenía que mejorar algunas habilidades que ya tenía, aprender otras nuevas que necesitaba y ahora estoy viendo que tanto el tiempo como el dinero invertido en ello han valido la pena.

Con esto pretendo motivarte a que hagas lo mismo, aprende de otras personas que están logrando éxitos y sigue sus mismos pasos porque cuando imitas el comportamiento y camino de otra persona, tú también puedes alcanzar la misma meta.

Sé que la tarea no es fácil porque traemos conductas problemáticas de hace muchos años, comportamientos que fuimos repitiendo un día y otro hasta convertirlos en hábitos que nos parecen difíciles de erradicar.

Tú puedes lograr los cambios de conducta que desees, ya lo hemos platicado en otras ocasiones, todo está en primero observarte para ver dónde estás cometiendo errores en tu vida, para ver cuáles son los comportamientos que necesitas anular y cuáles deseas adquirir para ser una persona exitosa, y una vez identificados trabajar en ello todos los días y con ello cambiar tu vida.

Cuando te enfoques a trabajar en el primer cambio de hábito y tengas la constancia de hacerlo todos los días, el éxito de este trabajo no sólo te hará sentir bien contigo mismo, sino que te motivará para tomar el siguiente de tu lista de cambios que quieres hacer y trabajar ahora en ese.

Cambios para lograrlo

1. Obsérvate y haz la lista de conductas que deseas cambiar
2. Escribe a un lado el nuevo comportamiento que deseas
3. Organízalos por orden de importancia para ti
4. Trabaja con el primero durante un mes, todos los días.*
5. Cuando observes que realizas el nuevo comportamiento de manera inconsciente; ya es un hábito
6. Prémiate con algo que te guste hacer para motivarte a seguir
7. Sigue observándote, irás notando cambios favorables en tu vida por la nueva conducta adquirida
8. Pasa al siguiente de tu lista

*El cerebro necesita 21 días de práctica continua para hacer cambio de hábitos.

Hay una cosa importante que tienes que asimilar, que no puedes ser feliz nada más porque te lo propones o así lo deseas, eso es algo en lo que hay que trabajar en cada momento de tu vida. El tan platicado "Secreto" del que hemos escuchado tanto últimamente, no funciona si no tienes tu vida en orden, si no tienes el control de tus pendientes, si no llevas el seguimiento de tus metas, y en la medida que lo vayas logrando, irás siendo más feliz.

La felicidad no se alcanza solamente pensando positivamente para atraer a tu vida cosas positivas. Debes estar realmente enfocado y concentrado trabajando siempre en que las cosas a tu alrededor funcionen bien y que tú te encuentres siempre en el camino correcto hacia la consecución de tus metas. La felicidad se logra comenzando desde la base, esto es, organizando tu vida desde lo más básico como son tus cosas y tus documentos, tanto en el hogar como en la oficina. Se logra organizándose para ser más productivo, para hacer más cosas en menos tiempo y que todas ellas sean siempre tus prioridades no cosas vanas y sin importancia. Se logra observándote que siempre estés trabajando en las cosas que son importantes para ti y no en las que signifiquen pérdidas lamentables de tiempo.

Tenemos que tener presente siempre que el tiempo sólo lo tenemos una vez, cuando se va no vuelve, así que hay que estar atento de estar haciendo buen uso de él en cada momento.

Es entonces y sólo entonces, que el universo trabajará a tu favor y comenzarás a atraer a tu vida todo lo que deseas.

Es entonces que las "coincidencias" comienzan a suceder, que las cosas se acomodan a tu favor, que tus deseos son como pedidos a la medida o salidos de un catálogo y que te son enviados justo en el momento en el que los necesitas, y no debes desesperarte de que no te lleguen porque eso querrá decir que aún no estas lo suficientemente preparado como para recibirlos.

Cada vez que te digas "pero ya he trabajado en ello mucho y ya me lo merezco", recapacita, porque si Dios aún no te lo ha dado es que todavía no es tiempo, que todavía debes prepararte más y trabajar más en ello, así que insiste, persiste hasta que llegue el momento de disfrutarlo.

La vida es muy hermosa y también muy corta, así que la recomendación es que la disfrutes hasta en los momentos más pequeños porque todos ellos juntos conformarán tu felicidad. Como dice César en uno de sus artículos de la felicidad "no dejes que la vida pase, mejor pásale a la vida" y esto es trabajando para lograr tus objetivos, alcanzar el éxito y ser feliz.

Aprendiendo a Establecer Metas

¿Cómo traducir nuestros sueños en metas?

Para llegar nuestro destino, hay que asegurarnos que cada paso vaya encaminado hacia allá.

Un sueño que no se puede traducir en una meta, no es un buen sueño; y una meta que no la transformemos en un plan, no es una meta clara y concreta. Y un buen plan que no produzca acción inmediata, no es un buen plan (es un plan que no sirve).

Un sueño sin acción sólo produce confusión y un sueño sin calendarización sólo produce frustración. Para que todo sueño se efectivo debe llevarse a la ejecución.

El logro de un sueño, es el proceso de un plan. Todos fracasamos o tenemos éxito a propósito, con cada una de nuestras acciones. Más del 96% de las personas no tienen un plan para lograr sus metas, y sólo el 1% transforma sus sueños en planes, acciones y resultados.

Para hacer un gran plan de acción hay que ser honesto en un 100%.

1. Definir hacia dónde vas. ¿Tienes una lista de metas? No te conformes con sueños pequeños, sueña en grande.

2. ¿Tu plan responde a todas las facetas de tu vida? Tú no puedes tener éxito en lo financiero a costa de tu salud, ni puedes tener éxito en lo profesional o laboral a costa de tu familia, porque entonces habrás fracasado. Debes tener un equilibrio en tus metas. Debes cubrir cada una de las áreas de tu vida:

Cubre estas áreas de tu vida

Profesional **Espiritual** Familiar
Recreación Salud Intelectual
Esparcimiento **Ministerial**
Social Económica Ética

No es éxito, si no tienes un balance en todas las áreas de tu vida. Debes triunfar profesionalmente sin descuidar tu relación conyugal, tu salud o tus hobbies.

3. ¿Por qué deseas llegar ahí? ¿Cuál es la razón, por la que quieres alcanzar esos sueños? Esto se hace en base a principios, a tus valores y debe llenarte, y motivarte. Si no tienes una razón profunda; no vas a tener la fuerza necesaria para alcanzar la meta, para hacer una realidad tus sueños. Todo sueño va ligado con tus valores.

Tus creencias influyen en tus valores, y tus valores afectan tus sueños. Aquí te menciono algunos valores para que tengas una idea:

Valores

Amo a mi familia

Soy generoso y me gusta ayudar a los demás.

Me divierto viajando y conociendo diferentes culturas.

Cuando tengo buenas razones, tendré el valor de llegar al éxito sin importar los obstáculos que enfrente.

Es aquí donde debes hacerte las siguientes preguntas:

¿Estarías dispuesto a dedicar el resto de tu vida para alcanzar tus sueños y realizar cada una de tus metas?

¿Estarías dispuesto a dedicar el resto de tu vida a esa meta en particular, porque te va a traer paz, gozo, seguridad financiera y familiar; además de salud mental y física?

¿Por qué es vital? ¿Es de vida o muerte llegar a esa meta?

Si para ti no es vital o tu respondiste que no a cualquiera de las preguntas anteriores, entonces no tienes las razones suficientes para querer ver cumplidos cada uno de tus sueños; y debes revaluar y volverte a plantear tus metas.

4. ¿Cuándo esperas lograr tus metas? Debes tener una fecha límite. Porque una meta es un sueño con una fecha de entrega.

El tiempo es un factor definitivo; ya que es el único recurso con el que realmente contamos y es el único que realmente podemos administrar; pero a la vez es el que más desperdiciamos.

No hay sueños irrealizables, lo que hay a veces son plazos irrealizables para alcanzar ese sueño. Y la fecha es irrealizable cuando no la calendarizas.

Ponerle fecha a una meta específica produce un compromiso con tus sueños.

Toda meta digna de alcanzar se lleva tiempo. ¿Con cuánto tiempo cuentas para realizar tus metas? Hay que ponerle fecha de urgencia a tus planes. Evalúa las mejores acciones para llegar a ellas. ¿Cuál es el mejor camino para llegar a tu meta?

Si no estás dispuesto a ponerle una fecha a tus sueños, es mejor que te olvides de ellos. Porque un sueño sin una fecha de realización deja de ser sueño para convertirse en una pesadilla.

Ponerle fecha a tus metas, te permitirá establecer tus prioridades en base a los sueños que quieres alcanzar.

¿Qué quieres?
¿Por qué los quieres?
¿Cuándo los quieres?

5. Determina con qué cuentas, y qué necesitas aprender. ¿Qué tengo ahora y que necesito adquirir?

A. Descubre tu verdadero potencial. Tú sabes más de lo que crees saber. Contesta cada una de las siguientes preguntas:

> ### Descubre tu verdadero potencial
> ¿Qué habilidades tienes?
> ¿Qué sabes o conoces?
> ¿Qué recursos tienes o con qué cuentas?
> ¿Qué arsenal de conocimiento o experiencias tienes?
> ¿Qué actividades profesionales has desarrollado?
> ¿Qué actividades nunca has realizado, pero que te gustaría realizar?

Nadie comienza en cero, descubre lo mucho que ya sabes y todo con lo que cuentas, en conocimientos, experiencias y recursos humanos, espirituales, económicos y familiares.

B. ¿Qué necesitas aprender, qué nuevas habilidades tienes que poseer? Debes siempre tener un espíritu de discípulo; siempre debes estar dispuesto a aprender.

Las universidades de Harvard y Stanford investigaron a personas de éxito, y llegaron a las siguientes conclusiones: el 15% de las personas que tienen éxito, está basado en sus habilidades adquiridas, pero el 85% basaron su éxito en las actitudes, relaciones y motivación. Debemos ser estudiantes asiduos del éxito.

Yo soy resultado de mis conocimientos adquiridos, mis habilidades obtenidas y mis experiencias pasadas.

Hay que ser rápidos para cambiar y maximizar el potencial que Dios ha puesto en nosotros, no hay un status quo, hay que estar a la vanguardia. La excelencia es un compromiso constante.

Debemos leer, escuchar, aprender y asimilar nueva información. Debemos diversificar y siempre estar aprendiendo para crecer:

1. Invierte en tu propio desarrollo personal. Por lo menos un 3% de tus ingresos.

2. Lee por lo menos una hora diaria. En tu campo de interés profesional, lo cual te hará experto en un periodo de tres años. Esto significa un libro cada dos semanas, veinticinco libros cada año. La persona promedio lee menos de un libro cada año.

Si tú no lees, te haces analfabeta por derecho, ya que entonces entre tú y un analfabeta no habrá mayor diferencia, el analfabeta no lee porque no sabe leer; pero si tú sabes y no lees, también eres un analfabeta.

3. Escucha programas en audio. El escuchar

programas es el descubrimiento más grande desde la imprenta.

Una persona promedio maneja quinientas horas al año, lo cual equivale a un semestre de clases en la Universidad, imagínate todo lo que puedes aprender escuchando.

4. *Asiste a seminarios y conferencias en tu campo de acción.* Por lo menos una o dos veces al año. Porque eso te producirá grandes dividendos: Conoces a personas que también se quieren superar, adquieres nuevos conocimientos, sales motivado.

5. *¿A quién debes acudir en busca de ayuda?* "Sólo el necio necesita aprender de sus propias experiencias; el hombre inteligente aprende de la experiencia de los demás"

"Cuando dos mentes se unen; logran crear y formar una tercer fuerza invisible e intangible que actúa como una tercer mente" Napoleón Hill.

Yo puedo aprender de los que ya corrieron el camino del éxito que yo estoy por iniciar.

Busca un mentor, para escribir tu propia historia.

Busca a un grupo de apoyo. Un grupo asesor en las diferentes etapas de acción. Personas a quienes respetas y en quienes confías.

¿Quién es un experto en el área que tu quieres alcanzar? Busca a los líderes en el área en que quieres incursionar. No escuches a aquellos que dicen que es imposible. No le preguntes a los fracasados.

6. ¿Cómo organizar tu plan de acción? Aquí lo que más importa es saber en dónde marcar la X. Por cuál meta vas a comenzar.

Establece prioridades Asigna a cada meta la letra A, B, o C en cada una de las diez diferentes categorías que te mencione hace rato.

El ABC de las metas

Metas A	Es lo que de lograrlo, podría cambiar tu vida totalmente.
Metas B	Es algo que te gustaría lograr; es importante para ti.
Metas C	Sería bueno tenerlo; pero no tan bueno como la A o la B

Esta lista tiene que ser cien por ciento personal, es tu lista de metas.

Revisa tus metas. la razón por la que quieres llegar, establece una fecha límite, y haz una lista de lo que necesitas aprender y quién te puede ayudar a alcanzar tus metas. Debes tener metas a corto, mediano y largo plazo.

Las Metas A son las metas prioritarias. Cuando hacemos esto es que estamos marcando la X donde debe ser, para así dar en el blanco y no desviarnos de nuestros sueños en base a prioridades.

Ahora hay que darles un valor numérico: A-1, A-2, A-3, etc. Esto se hace en base a los valores personales; la meta A-1, es la meta mas importante.

Si supiera que sólo puedo realizar una de mis metas pero sin fracasar; entonces esa sería mi meta A-1, la más prioritaria.

En mis metas prioritarias: tienen que estar una o dos de cada una de las diez áreas de mi vida que mencionamos en un capítulo anterior. Así no comenzarás con una meta B, o tal vez una meta C. eso quiere decir que debes tener unas diez o veinte metas A, en orden de prioridades, de cada una de las diez diferentes áreas.

Y más adelante en varios de los capítulos posteriores te enseñaremos de una forma practica a establecer metas A-1, B-1, C-1, en cada una de las ocho diferentes áreas.

Escribe tu plan de acción para tu meta A-1. Aquí escribes las actividades y objetivos específicos para llegar a cumplir esa meta en el lapso de tiempo que le has asignado a esa meta. (Por lo menos diez acciones).

Tus 10 acciones para alcanzar tus metas

	Acciones	Fecha
1		
2		
3		
4		
5		
6		
7		
8		
9		
10		

Después enumera las actividades y/o objetivos en orden de prioridades para comenzar a actuar, en menos o en un máximo de setenta y dos horas. Eso mismo debes hacer con cada una de tus metas; y puedes trabajar con tres o cuatro áreas al mismo tiempo.

Ahora ya tus planes y tus metas, están listos para comenzar a actuar y esto te va a dar el poder y la seguridad para llegar a tu meta: el éxito de una forma integral.

La acción: es el único remedio para alcanzar el éxito. Porque si tienes metas y planes pero no te pones en acción de nada sirve. Así es que es el momento de actuar. Hoy es el momento de comenzar. Dejemos de ser el hombre del mañana: "mañana lo haré". Recuerda que el pasado es un dinero gastado, el futuro es un cheque, pero el presente es lo que tenemos en efectivo, así es que comencemos a actuar hoy.

El Dr. Camilo dice que infierno es: *"Llegar al final de los días y encontrarte cara a cara con la persona en la cual pudiste haberte convertido"*.

El que logres triunfar depende únicamente de ti. *"La visión es indudable para saber a donde vas a ir. Las oportunidades, si no las hay, hay que crearlas. Pero el paso más importante es la acción inmediata"* **Bill Gates**; cuando le preguntaron qué era lo más importante para alcanzar el éxito.

La Importancia De Administrar Nuestro Tiempo

En realidad es aprender a administrarnos a nosotros mismos; la vida no es perfecta, no es justa, ni predecible, y aún teniendo planes hay cosas que no van a poder realizarse como hemos pensado y planeado.

Amar lo que hacemos y hacer lo que amamos es la esencia de la administración.

Piensa en todo los que hiciste ayer: cierra tus ojos por un momento y recorre mentalmente todo el día de ayer, a manera de una lista numerada y házlo de una forma muy detallada.

Ahora que ya recordaste mentalmente todas tus actividades realizadas el día de ayer, escríbelas en tu cuaderno de ejercicios para alcanzar tus sueños. (Si a esta altura no tienes un cuaderno en donde escribes tu sueños, te vuelvo a repetir que lo hagas) también debes tener un cuaderno de ejercicios, que es donde debes escribir lo que recordaste de tus actividades del día de ayer.

Ya que escribiste todas las actividades que realizaste el día de ayer. Pon una marca sobre cada actividad que realizaste específicamente para alcanzar una de tus tres metas prioritarias que escribiste anteriormente.

Ahora evalúa cada una de las actividades realizadas y evalúate haciéndote las siguientes preguntas:

Autoevaluación de actividades realizadas

A) *¿Cuáles de las actividades realizadas el día de ayer, te acercaron a tus sueños más importantes?*

_____
_____

B) *¿De todas las actividades realizadas, cuántas tienen una conexión directa con tus metas prioritarias en cada una de tus diferentes áreas a cubrir para alcanzar el éxito?*

_____
_____

C) *¿Estás hoy trabajando activamente para la realización de tu sueño más importante?*   Sí ☐   No ☐

D) *Estás...*   viviendo ☐   sobreviviendo ☐

Tú eres el propio genio de tu lámpara, que puede hacer tus sueños realidad; o que sólo se queden en fantasías y al final solamente sean pesadillas.

¿Cómo saber que estás caminando cada día hacia tus metas?

1. La regla 80% vs. 20% Wilfredo Pareto, un economista italiano presentó esta idea por primera vez en 1895; separó las actividades de las personas promedio: "Las pocas cosas vitales Vs. Las muchas cosas triviales". El 80% de las actividades diarias sólo producía el 20%. El 20% de las actividades produce el 80% de los resultados. ***El 80 % de nuestro éxito es el resultado del 20% de nuestro trabajo.***

2. Separar lo urgente de lo importante.
Importante: son todas las actividades que están íntimamente ligadas con tus valores, tus principios, tus sueños, tus prioridades, tus metas y sobre todo con tu misión especial, tu razón de ser. La razón por la cual fuiste creado, formado y planeado por Dios.

Urgente: Todo aquello que demanda acción inmediata; toda tu atención; pero puede o no puede ser importante para ti.

Diferentes actividades diarias:

Trivialidades. Ni son urgentes, ni tampoco son

importantes, pero cómo te hacen perder el tiempo; por ejemplo: estar frente al televisor, involucrarte en chismes, tener vicios, la mala lectura, etc. Cada actividad que realizes debes examinarla para eliminar totalmente las trivialidades y dedicar ese tiempo a lo que es realmente importante.

Urgencias. Es cuando te dedicas a apagar incendios; pero la gran mayoría de estas actividades son distracciones que te desvían totalmente de tus metas y de tus sueños. La mayoría de estas actividades son el resultado del producto de tus malos hábitos (cuando has perdido el control).

Prioridades. Son todas las actividades que no necesariamente son urgentes (no demandan tu atención inmediata). Pero si son importantes porque te acercan más y más a la realización de tus sueños. A estas actividades hay que revestirlas con grado de urgencia (carácter apremiante) para no ignorarlas ni postergarlas.

3. Debes preguntarte. ¿Qué impacto tendrá en mi futuro esta acción que estoy a punto de realizar? El hacerlo o dejarlo de hacer tendrá graves consecuencias: negativas o positivas en tu futuro. Debes evitar hacer todo aquello que no tenga una trascendencia positiva en tu futuro.

Aquí un poco de estadísticas; para que de esa manera nos demos cuenta cómo a veces o más bien en muchas de las ocasiones dedicamos más tiempo a las cosas triviales que a las prioridades.

La persona promedio emplea 28 minutos a la semana

en tonos normales con su pareja, y sólo cuatro minutos a la semana con sus hijos, eso quiere decir que cada día de las veinticuatro horas que tiene el día; solamente dedica cuatro minutos a comunicarse efectivamente con su pareja y solamente cuarenta y cinco segundos con sus hijos.

> ## Sistema para Administrar tu Tiempo
>
> **1** *Haz una lista:* cada día con todo aquello que quieres lograr en ese día específicamente. Tu lista debe tener mas cosas de las que crees que puedes hacer en ese día.
>
> **2** *Separa (diferencia) lo urgente de lo importante:* Lo urgente raramente es importante; y lo importante raramente es urgente.
>
> **3** *Mantén siempre tu lista a la mano:* En todo momento, y si en el transcurso del día, se te presentan cosas o actividades para hacer al día siguiente, anótalas inmediatamente.
>
> **4** *Prepara tu lista desde la noche anterior:* Tu mente subconsciente se programa con esa información y en la noche ella trabaja para darte el mejor plan de acción. También te permite que duermas tranquilamente (descansadamente), te quita el estrés; porque te quita la preocupación de que algo se te olvide hacer al día siguiente.
>
> *Al reducir el estrés, tu cuerpo producirá mas energía; porque estás en control de tu vida.*

La corporación Nelson; desarrolló una encuesta que le presentó los siguientes resultados: La persona promedio mira cuarenta y nueve horas y media de televisión a la semana. Eso quiere decir que si esa persona vive en promedio setenta años, mirara aproximadamente trece años de televisión en su vida; de los cuales habrá gastado cinco años solamente viendo comerciales de televisión. Qué gran desperdicio de tiempo, de vida, de recursos ¿verdad?

Los enemigos más comunes de tu tiempo y de tu éxito.

Tanto el que tiene éxito como el que fracasa cuenta con veinticuatro horas diarias, siete días a la semana y trescientos sesenta y cinco días al año. Y nadie puede alargar el tiempo, ni acumularlo. Cuando perdemos el tiempo en trivialidades como veíamos anteriormente, es que estamos haciendo un pobre uso de él; sin saber que realmente lo que estamos desperdiciando es nuestra vida.

Todos estos enemigos que mencionaremos a continuación son una consecuencia lógica de los malos hábitos.

A continuación debes hacerte una autoevaluación y calificarte del 1 al 10. El 1= no sufro de este mal hábito; el 10 = es uno de los peores problemas que tengo. Después de autoevaluarte y calificarte, determina las estrategias especificas que pondrás en práctica para erradicar ese mal hábito de tu vida.

1. El hombre del futuro. Algunos le llaman mañanitis; Es el eterno mal de posponer las cosas para otro día. Pereza, dilación, para evitar hacer aquello que sabemos debe hacerse, con la esperanza de que de alguna manera; si lo evitamos los suficientemente, eventualmente se hará por si solo o alguien mas lo hará.

Su premisa es: No hagas hoy, lo que se puede hacer mañana; se llegan a convencer de que mañana será mejor, se olvidan que el único tiempo que tienen seguro es el ahora, el hoy, porque el mañana no sabemos si llegará, y el pasado es tiempo que ya se fue.

Les falta resolución para hacer algo: Y lo único que están logrando hacer efectivamente es, posponer sus propios sueños.

Hoy tenemos más tiempo que el que tendremos mañana, porque mañana el día de hoy, solamente será un recuerdo; como el día de hoy el ayer sólo es un recuerdo.

Muchos se escudan diciendo: "Yo trabajo mejor bajo presión". Pero realmente sólo haces lo mejor dadas las circunstancias; pero eso no quiere decir que has hecho lo mejor que eras capaz de hacer.

Actúa con prontitud

a) Evalúa en qué áreas de tu vida son en las que más tiendes a posponer: ¿Tu trabajo, tu salud, tu familia, tus finanzas?

b) Identifica por qué tiendes a posponer lo que sabes que tienes que hacer.

c) Desarrolla una estrategia de cómo es que vas a responder ante esta tendencia de ahora en adelante.

Calificación	1	2	3	4	5	6	7	8	9	10
	○	○	○	○	○	○	○	○	○	○

2. El señor excusa. O excusitis como muchos le llaman; son expertos para justificar al hombre del futuro o la mañanitis. El dar excusas es una de las formas de eludir nuestras responsabilidades y justificar nuestra mediocridad. Buscando culpables por aquello que siempre estuvo bajo nuestro control. Solamente recuerda esto cada vez que vayas a justificar tu mediocridad o trates de eludir tu responsabilidad: Si quieres dar una excusa con seguridad la vas a encontrar y siempre vas a encontrar aliados que te apoyen. Pero después de usarla, te vas a dar cuenta de que nada de tu situación ha cambiado, tu vida sigue siendo la misma no importa que tanto trates de justificarte.

a) ¿Cuáles son las excusas que más utilizas?
b) ¿Por qué las usas? ¿Crees que son verdad?
c) ¿Qué es lo que estas tratando de justificar?

Normalmente las excusas son un mal recurrente para ocultar un mal hábito; por ejemplo la impuntualidad la excusamos echándole la culpa al tráfico. Pero si sabes que vas a encontrar tráfico ¿No sería mejor salir un poco más temprano de tu casa?

Calificación	1	2	3	4	5	6	7	8	9	10
	○	○	○	○	○	○	○	○	○	○

3. Las buenas intenciones. Un día escuchaba un refrán que decía: *"De gente con buenas intenciones están llenas los panteones"* Los mediocres son personas con muy buenas intenciones.

No importan las buenas intenciones, si no hay acciones las circunstancias siguen igual: *"El camino al fracaso está cimentado con buenas intenciones"*.

"Esta vez, voy a llegar temprano"
"Ahora si voy a comenzar a ahorrar"
"Es tiempo de tomar unas fabulosas vacaciones"
"Es importante bajar estas llantitas"

La intención sin acción produce charlatanes, y tu fama va a llegar antes que tú. Pon en acción tus buenas intenciones, o es mejor que no te comprometas con los demás. *"Es mejor que no prometas, y no que prometas y no cumplas"*.

Calificación	1	2	3	4	5	6	7	8	9	10
	○	○	○	○	○	○	○	○	○	○

4. La gran dificultad para decir NO. Decimos a todo que sí, aunque sabemos de antemano que no lo vamos a poder hacer. No podemos decirle a todo que sí.

¿Es porque buscas la aprobación de otras personas? ¿Temes ofender?

Crees equivocadamente que si son tus amigos; estás

siempre obligado a decirles que sí. Que siempre debes estar a su disposición.

¿Qué te impidió decir que NO? ¿Te pusieron entre la espada y la pared? "Cuando estás usando tu tiempo, haciendo cosas que son importantes para otros, pero no para ti, es tu tiempo el que estás desperdiciando"

a) No dejes que usen el arma de la culpabilidad en tu contra.
b) Al principio se pueden molestar, pero con el tiempo te respetarán, porque ven que tu mismo te respetas y que respetas tu propio tiempo.

Calificación	1	2	3	4	5	6	7	8	9	10
	○	○	○	○	○	○	○	○	○	○

5. El autoengaño. Muchos dicen frases como esta: "Yo sé que no he podido hacer esto, pero ten la plena seguridad de que cuando me lo propongo lo logro" Prefieren auto engañarse que autoevaluarse para mejorar su rendimiento. Son personas que normalmente odian la autoevaluación. Prefieren creer que todo está bien, para así no tener que tomar decisiones.

Odian que se les recuerde lo que tienes que hacer. Su filosofía (lema) es: "Ojos que no ven, corazón que no siente".

Calificación	1	2	3	4	5	6	7	8	9	10
	○	○	○	○	○	○	○	○	○	○

6. La falta de metas y objetivos claramente definidos. "Las metas borrosas, producen resultados borrosos".

Clarifica tu destino y descubrirás que tendrás más control de tu tiempo, de tu vida, de tus recursos.

La persona que no tiene metas claras, nunca sabrá si está caminando en la dirección correcta. Es como jugar futbol sin porterías, ¿A dónde vamos a meter el gol?

Calificación	1	2	3	4	5	6	7	8	9	10
	○	○	○	○	○	○	○	○	○	○

7. Vivir en el pasado o en el futuro, pero nunca en el presente. Nunca están presentes un 100% en ningún lugar, ni a ninguna hora.

Cuando están en el trabajo, piensan que están descuidando a su familia; y cuando están con su familia piensan en lo que les espera al día siguiente en el trabajo.

a) Aprende a vivir en el presente. "El pasado es como un cheque cancelado, el futuro es como un cheque sin cobrar; pero el presente es como tener dinero en efectivo, así es que aprende a gastar".

b) No hay nada que puedas cambiar de tu pasado, por mucho que pienses en ello. Sobre lo único que tienes el control es sobre tu presente.

Está bien recordar los buenos tiempos del pasado; pero es malo cuando perdemos mucho tiempo en eso; pensando en todas las oportunidades perdidas y el tiempo que se fue. Nada va a cambiar porque gastes tres horas pensando en lo que no hiciste con tu hijo cuando era pequeño. Ni la culpabilidad, ni el remordimiento van a cambiar eso.

c) Aprende a planear hacia el futuro, pero sin dejar de vivir en el presente. Que no se te vaya la vida haciendo planes, sin vivir la vida hoy a plenitud.

Vive el día de hoy de tal forma que si Cristo viniera por segunda vez, tú tendrías la seguridad de irte con Él; pero planea tu vida como si el fuera a tardar mil años más.

Calificación	1	2	3	4	5	6	7	8	9	10
	○	○	○	○	○	○	○	○	○	○

8. El Perfeccionismo. Es un mal hábito disfrazado de virtud. Este es uno de los peores enemigos de nuestro éxito y de nuestro tiempo.

"Si vale la pena hacerlo, vale la pena hacerlo bien o no hacerlo, porque esa es la clase de persona que yo soy". ¿Quién va a discutir con eso? Suena a excelencia, a responsabilidad y a entrega. Tal tipo de afirmaciones no parecen enemigas, y parecen más amigas que enemigas.

Y como por el momento no lo puedes hacer en un 100% con excelencia; mejor no lo haces y eso te paraliza y no haces nada. El perfeccionismo es responsable de muchas frustraciones y de muchos sueños sin realizar. Hay que hacerlo hasta que aprendamos a hacerlo bien; pero debemos empezar a hacerlo ahora mismo.

Calificación	1	2	3	4	5	6	7	8	9	10
	○	○	○	○	○	○	○	○	○	○

Acción. Si tu puntaje es menor de veinte puntos, te felicito estás administrando bien tu tiempo. Eres sumamente eficiente en el manejo de tu tiempo.

Pero si en cualquiera de los ocho enemigos que estudiamos anteriormente tienes más de cinco puntos; tienes que tomar medidas drásticas; porque ese enemigo está controlando tu vida, tu tiempo y tus recursos.

Tener a esos enemigos en tu territorio te está costando tu tiempo, tu dinero y tu esfuerzo, así que tienes que erradicarlos totalmente.

¿Por qué permitir que te roben tu tiempo, tu vida y tus recursos? Recuerda que esa es tu decisión.

El 100 % de la responsabilidad por nuestro éxito radica en nosotros mismos. Debemos mirar hacia adelante y no hacia afuera en busca, tanto de la responsabilidad como de la respuesta a problemas o circunstancias que podamos estar enfrentando. En esta era de la información intensificada, el poder no está en poseer los conocimientos, sino en tomar acción inmediata, aceptando total responsabilidad por nuestra felicidad y por la realización de nuestros sueños.

Abraham Lincoln decía: *"Cada persona es tan feliz como decide serlo"*. Ser feliz es una actitud, cada mañana al levantarte, tienes la oportunidad de escoger entre ser feliz o infeliz, entre hacer de ese día un día memorable o simplemente un día más.

A partir de los siguientes capítulos vamos a ir viendo la forma de cómo desarrollar un plan específico para cada una de las diez áreas en que debes tener sueños, planes, metas y propósitos definidos. A estas alturas, si todavía estas continuando en la lectura del libro, es porque realmente quieres alcanzar cada uno de tus sueños; y no quieres que sigan siendo fantasías o pesadillas en muchos de los casos.

Seguramente tu libreta de notas está siendo utilizada efectivamente, ahora anota el siguiente título en una nueva página: Plan para lograr alcanzar los sueños de... (Y escribe tu nombre) Porque es tu plan el que vas a hacer, son tus metas que quieres lograr y son tus sueños que vas a alcanzar. No quieres que se te sigan escapando entre las manos, que se vayan por falta de un plan de acción o una efectiva calendarización.

Te voy a pedir que reflexiones en tus respuestas, escribe y reescribe tus metas hasta que sientas que verdaderamente reflejan el futuro que deseas ver realizado en tu vida, para ti, tu familia, tu negocio.

Tienes que aprender a autoevaluarte: *"Si, pues nos examinásemos a nosotros mismos, no seriamos juzgados"* (1 Co. 11:31). Debes aprender a clarificar cada una de tus metas, según el valor de tus principios y valores, y según el orden de prioridades, pero debes cubrir todas las diferentes áreas (facetas) de tu vida.

Así es que comencemos a trabajar para que todos tus sueños se hagan una realidad.

C 8

El Área Espiritual

Cuando hablamos normalmente de esta área, muchos piensan que se refiere a ser religioso, de tal o cual religión, o de llevar acabo ciertas liturgias como normas de fe y conducta.

Yo creo que los comunistas tenían razón cuando declararon: *"Que la religión es el opio de la sociedad"* No tiene que ver con tu credo personal o particular, sino más que nada con conducta, carácter y ser.

Norman Vincent Peale, dijo: *"Yo creo que cuando dejemos este mundo, y nos encontremos frente a nuestro Creador, la cuestión no va a ser acerca de cuántas veces dejamos de ir a la iglesia, o de dar ofrendas, o cuántas veces dijimos una mala palabra. Yo me inclino a creer que la cuestión más bien se tratará acerca de cuántas personas fueron más felices, cuántas personas vivieron mejor como consecuencia de que sus vidas se cruzaron con la nuestra".*

¿El mundo, tu entorno, tu familia, está mejor ahora que tú estás con ellos? ¿De qué forma has influenciado o afectado moral espiritual y socialmente a los que te rodean?

Los grandes motivadores, líderes y predicadores como Ralph Waldo Emerson, Benjamin Franklin, Oral Roberts, JC. Penny, Norman Vicent Peale, Zig Ziglar, Robert Shuller, Og Mandino, Bill Graham, La Madre Teresa de Calcuta y muchos otros más le daban una gran prioridad y relevancia a su vida espiritual. Ninguno de ellos desligaba su plan de éxito de su vida espiritual. Todos ellos tiene un común denominador: Una profunda fe en sus creencias, al igual que un constante compromiso hacia el desarrollo de sus valores espirituales.

El Apóstol Juan: El discípulo más joven de Cristo, y el que murió más grande que todos los demás, aproximadamente a los 100 años de edad escribió: *"Amado, yo deseo que tú seas prosperado en todas las cosas, y que tengas salud, así como prospera tu alma"* (3 Jn. 2). El principio es sencillo, todas las demás áreas de tu vida están supeditadas a la prosperidad de tu alma. En otras palabras; el tanto que prospere tu alma es el tanto que vas a ser prosperado en todas las demás cosas.

A ningún costo podemos dejar de alimentar nuestra

alma, ya que somos primariamente seres espirituales. San Agustín de Hipona lo dijo cuando declaró: *"Dios, tú nos creaste con un vacío que únicamente puede ser llenado por ti"*. La humanidad trata de llenar ese vacío con muchas otras cosas, a veces buenas y otras malas, pero no lo puede llenar nadie más que Dios. Es como cuando tratas de armar un rompecabezas, hay muchas piezas que se parecen, hasta tienen colores iguales, pero mientras no encuentres la pieza exacta, no va a entrar ninguna otra. Este vacío es permanente y es existencial a menos que Dios lo llene.

Cristo en el sermón del monte lo dijo en su forma muy particular: *"Mas buscad primeramente el Reino de Dios y su justicia, y todas estas cosas os serán añadidas"* Mt. 6:33. Como dice Covey: *"Primero lo primero"*, esto es a lo que llamamos orden de prioridades, y tus prioridades deben estar bien establecidas.

Solamente como una pequeña advertencia, pero nunca esta demás, no por estar dedicado única y exclusivamente a tu área espiritual vas a descuidar las demás áreas de tu vida, porque el éxito, y el alcance de tus sueños tiene que ser integral y completo.

Hay quienes viven constantemente obsesionados por ciertos dogmas religiosos al punto de llegar al fanatismo. El peligro que corremos cuando concebimos erróneamente el concepto de espiritualidad, es permitir que esta faceta de nuestra vida opaque a todas las demás y rompa el balance que debe existir.

En el otro extremo están aquellas personas a quienes parece no importarles su área espiritual. Son los que afirman no creer en nada ni en nadie y, como resultado, llevan una existencia vacía. Con el tiempo estas personas llegan a desarrollar una actitud cínica ante la vida y hacia los demás.

La Biblia es la fuente de sabiduría mas completa que yo haya podido encontrar a lo largo de mi vida. Para muchas personas es una herramienta poderosa y única para el crecimiento espiritual. El sabio Salomón por ejemplo dijo las siguientes palabras, que encierran el propósito del libro que escribió estando en la cúspide de su reino y de su relación personal con Dios: *"Los proverbios de Salomón, hijo de David, rey de Israel. Para entender sabiduría y doctrina, para conocer razones prudentes, para recibir el consejo de prudencia, justicia juicio y equidad; para dar sagacidad a los simples, y a los jóvenes inteligencia y cordura. Oirá el sabio y aumentará el saber, y el entendido adquirirá consejo, para entender proverbio y declaración, palabras de sabios y sus dichos profundos. El principio de la sabiduría es el temor de Jehová, los insensatos desprecian la sabiduría y la enseñanza"* (Pr. 1:1-7).

Este mismo rey; pero ya en el ocaso de su reinado, y aún en la corrupción de su vida reconoció que lo más importante del hombre era su ser espiritual, cuando declaró: *"El fin de todo discurso oído es este: Teme a Dios y guarda sus mandamientos; porque esto es el todo del hombre"* (Ec. 12:13).

Para otras personas, la Biblia es, simplemente una recopilación de fábulas y de historias que ilustran principios para vivir mejor. Personalmente, ella ha sido una fuente de gran ayuda y por qué no decirlo; la fuente de mayor ayuda y guía a través de los años. En ella he encontrado todos los secretos necesarios para alcanzar los sueños de todo ser humano.

En la Biblia están los principios fundamentales para poder lograr que cada uno de nuestros sueños se haga realidad.

Dios en su Palabra, nos motiva, nos inspira a soñar, nos reta a planear, y nos motiva a creer en grande. Él es el Padre de los soñadores como Pablo, José, David, Salomón, a tal punto nos reta a tener sueños, que en su Palabra dice: *"Y después de esto derramaré de mi Espíritu sobre toda carne, y profetizarán vuestros hijos y vuestras hijas; vuestros ancianos **soñarán sueños**, y vuestros jóvenes **verán visiones**"* (Jl. 2:28). Ahora estamos en esos tiempos, los que Pedro llamó: "Postreros días". Hch. 2:17; Ya estamos en los tiempos de soñar, de tener visiones, de lograr metas y alcanzar objetivos.

Curiosamente, todos aquellos libros que he tenido la oportunidad de leer, escritos por líderes religiosos, líderes políticos, entrenadores de equipos, grandes empresarios, filósofos, oradores motivacionales y otros expertos en diferentes áreas del quehacer humano, simplemente han interpretado de diferentes maneras las ideas que yo he encontrado en las páginas del tratado sobre el éxito más completo de todos los tiempos: La Biblia. Por ejemplo, cuando te digo que es fundamental basar nuestro éxito en el éxito de los demás, o que necesitas traducir tu sueño en un deseo ardiente para poder convertirlo en realidad, o que nada se logra sin entusiasmo, me estoy refiriendo a principios extraídos de las páginas de este maravilloso libro.

"De qué sirve si ganare todo el mundo y perdiere mi alma" "Todo lo que te viniera a la mano para hacer, házlo según tus fuerzas" "Nadie tenga más alto concepto de si que el que debe tener, sino que cada uno piense de sí con cordura, estimando a los demás como superiores así mismo" "El que quiera ser el mayor entre vosotros deberá ser el servidor de los demás" Todos estas citas son versículos que se localizan en las páginas de este maravilloso libro: La Biblia.

De poco sirven las riquezas materiales y los logros profesionales si no contamos con la paz interior, la felicidad personal y el cariño y respeto de nuestros seres queridos. Las cosas materiales son necesarias porque vivimos en un mundo material.

Sin embargo, necesitamos también las riquezas espirituales, ya que existen muchas otras facetas en nuestra vida. Si yo lograra alcanzar los pedestales más altos de mi profesión a costa de mi salud o de mi relación con mi esposa, o a costa de mi relación con Dios, no creo que pudiera considerar mi vida como un éxito.

Independientemente de la religión que profeses. Quiero decirte brevemente que cuando hablamos del área espiritual, no nos referimos a una religión específica, o a unos ciertos rituales, sino más que nada a principios que deben regir nuestra conducta, nuestra moral y nuestros valores. Y nos referimos a una relación personal con Dios, con Jesucristo como el hijo de Dios; y regir esos principios y valores con la Biblia (la palabra de Dios) como norma de fe y conducta.

Eso quiere decir que antes de actuar, de hablar y aun de pensar, debemos preguntarnos:

¿Qué haría Jesús en mi lugar?
¿Esto que voy a hacer le agrada a Dios?
¿Mi conducta está acorde con los principios establecidos en la palabra de Dios?

Estas y muchas preguntas más son las que nos debemos hacer para reflexionar sobre lo que es nuestra vida espiritual, cuáles son nuestros valores y qué principios rigen nuestras acciones.

Ahora es necesario que actuemos, ya leímos, reflexionamos y pensamos, ha llegado el momento de autoevaluarnos.

Autoevaluación de tu área espiritual: Asigna un puntaje de 1 a 5 a cada una de las siguientes preguntas, 1 si lo haces muy pocas veces y 5 si lo haces muchas veces.

Autoevaluación Espiritual

A) ¿Reflexionas continuamente sobre tu misión personal sobre la tierra? 1○ 2○ 3○ 4○ 5○

B) ¿Has entendido que tú como persona tienes una contribución personal y específica para la humanidad? 1○ 2○ 3○ 4○ 5○

C) ¿Mantienes una vida espiritual activa? 1○ 2○ 3○ 4○ 5○

D) ¿Te congregas normalmente en una iglesia, para convivir con personas que profesan la misma fe que tu? 1○ 2○ 3○ 4○ 5○

E) ¿Desarrollas una comunión íntima con tu Creador? 1○ 2○ 3○ 4○ 5○

F) ¿Mantienes como norma de fe y conducta a la Biblia (la Palabra de Dios)? 1○ 2○ 3○ 4○ 5○

G) ¿Has tomado la decisión de no mantener dentro de ti rencores, envidias, resentimientos, antipatías o cualquier otro sentimiento contrario hacia cualquier persona? 1○ 2○ 3○ 4○ 5○

H) ¿Dedicas tiempo todos los días a ejercitar tu vida en el área espiritual? 1○ 2○ 3○ 4○ 5○

I) ¿Estudias, y meditas de una forma regular en la Biblia, la Palabra de Dios? 1○ 2○ 3○ 4○ 5○

J) ¿Procuras ser una grata influencia espiritual en tu familia, tu trabajo, tu escuela? 1○ 2○ 3○ 4○ 5○

Si el puntaje máximo que puedes obtener de esta autoevaluación es de 50, ¿Cómo te sientes acerca del puntaje que has obtenido? ¿Sientes que deberías hacer algo al respecto? ¿Cuál pudiera ser un primer paso, para crecer en tu área espiritual?

Plan de acción de tu área espiritual. Es muy importante que contestes cada una de las preguntas que se te hacen en esta sección, para que así puedas enumerar en la sección siguiente tus metas personales para desarrollar tu área espiritual con éxito, y para que de esa manera logres alcanzar tus sueños en esta área.

1. ¿Cuál es tu interpretación personal de lo que debe ser una meta espiritual?_____
_____

2. ¿Respetas las creencias espirituales de los demás?_____
_____

3. ¿En qué personas influyes negativamente a través del área espiritual y que ahora te propones afectar positivamente?_
_____

4. De la autoevaluación que hiciste anteriormente, enumera al menos cinco actividades que no realizas satisfactoriamente, o al menos no lo suficiente, pero que puedes incorporar entre los hábitos nuevos que quieres formar para así alcanzar el éxito en tu área espiritual.
a.- _____
b.- _____
c.- _____
d.- _____
e.- _____

5. ¿Reflexionas regularmente acerca de los principios y valores espirituales y conductuales que gobiernan tu vida?
_____
_____

6. ¿Desempeñan tus creencias espirituales, tus valores morales y tus principios conductuales un papel importante en las decisiones que tomas en las diferentes áreas de tu vida?_____
_____

7. Si te preguntaran cuáles son las actividades o ejercicios espirituales que contribuyen al desarrollo espiritual de una persona ¿Cuál sería tu respuesta?_____
_____

8. ¿Consideras que en tu vida personal, tú llevas acabo las actividades o ejercicios espirituales que se requieren para desarrollar tu área espiritual? _____

9. ¿Tú crees que todo ser humano tiene dones, talentos o habilidades espirituales con el cual Dios lo capacitó? _____
_____

10. ¿A continuación enumera al menos tres talentos, dones o habilidades espirituales que tú consideras que tienes?
a) _____
b) _____
c) _____

11. ¿Disfrutas de la paz espiritual que desearías poseer? En otras palabras ¿Consideras que en el área espiritual ya alcanzaste tus sueños? Si tu respuesta es negativa, enumera tres cosas específicas que te hacen falta en esta área.
a) _____
b) _____
c) _____

12.- Enumera tres actividades especificas que puedes comenzar a realizar hoy mismo que te produzcan una

mayor paz interior.
a) _____
b) _____
c) _____

Mis 10 metas espirituales más importantes

#	Metas	Fecha
1		
2		
3		
4		
5		
6		
7		
8		
9		
10		

Todas tus metas deben ser establecidas según el orden de prioridades, como aprendiste anteriormente. Establecer tus metas o los pasos para alcanzar tus sueños, es uno de los principales y primarios pasos para lograrlo, pero ahora viene el aspecto más importante ejecutarlos, ponerlos por obra, accionar, no basta con soñar, hay que hacer que cada uno de ellos sea una realidad.

Declaraciones espirituales:

1. Dios me creó con la capacidad de tener éxito, y me hizo un ser espiritual pleno y completo en Él. Y como yo estoy en Él y Él conmigo, soy realmente una persona de éxito en el área espiritual.

2. Yo soy lo que mi Biblia dice que yo soy. Yo creo lo que mi Biblia dice que yo crea y yo vivo como mi Biblia dice que yo viva.

3. Fui creado con una misión espiritual específica, par lo cual el Señor Todopoderoso me capacitó con todos los talentos, dones, y habilidades necesarias para cumplir así mi razón de ser.

4. Soy una persona honesta, genuina, con principios y valores que rigen mi vida conductual, porque tengo como norma de fe y conducta la Biblia.

5. Mantengo una relación íntima y continua con mi Señor Jesucristo a través de la oración y de la lectura de la Biblia.

6. Me congrego de una forma continua, con mis hermanos en la fe, para mantener la armonía necesaria y la comunión relacional con cada uno de ellos.

7. *Desarrollo de una forma sistemática, pero sincera los ejercicios espirituales que me ayudan a desarrollar mi fe, mis valores y afirman mis principios, como el ayuno, la oración, la lectura de la Biblia y la comunión con el Espíritu Santo.*

8. *Cuando percibo alguna actitud negativa en otra persona, opto por ignorarla, y me enfoco más en sus virtudes y cualidades más que en sus defectos. Tampoco me dejo influenciar por chismes, rumores o comentarios negativos acerca de otras personas y más aun si ellas no estén presentes.*

9. *Poseo todo aquellos que se necesita para triunfar. Soy poseedor de una gran pasión y determinación. Enfrento todo reto con confianza y seguridad porque se que Dios está conmigo, y Él me ha dado la capacidad y habilidades necesarias para triunfar.*

10. *Me gusta sonreír frecuentemente. Porque soy una persona que se mantienen con gozo, que se traduce en alegría y entusiasmo constante. Hoy es un gran día. Y hoy tomo la decisión de hacer de este un día memorable. Elijo dar un 100% en todo lo que haga. Escojo vivir el día de hoy con alegría y entusiasmo, y brindar alegría, paz y un amor profundo a todos los que me rodean en cada una de mis acciones.*

El Área Familiar

Es aquí donde necesitas entender que tienes que trabajar en tu hogar tanto como lo haces en tu trabajo Ser padre (madre), o cónyuge es una de las funciones más complicadas, y para las cuales no hay manuales, ni instructivos, ni garantías. Pero aún así hay que tener metas, objetivos sueños, propósitos y planes.

El otro día me llegó por Internet una reflexión que ahora quiero compartir contigo; la reflexión no tenía nombre pero yo le puse uno, y tampoco tenía autor así que lo dejé como anónimo. Te pido que lo leas en voz alta, y que medites en su contenido, además te invito a que lo compartas con otros, es un pensamiento que nos lleva a meditar en cosas muy reales.

Alguien dijo

Alguien dijo que un niño se lleva en el vientre durante nueve meses. Ese alguien no sabe que un hijo se lleva en el corazón toda la vida.

Alguien dijo que toma una seis semanas volver a la normalidad después de dar a luz. Ese alguien no sabe que después de dar a luz la normalidad no existe.

Alguien dijo que se aprende a ser madre por instinto. Ese alguien nunca fue de compras con un niño de tres años.

Alguien dijo que de "buenos" padres salen hijos "buenos". Ese alguien piensa que un hijo viene con instrucciones y garantía.

Alguien dijo que las "buenas" madres nunca gritan. Ese alguien nunca vio a su hijo romper con una pelota la ventana del vecino.

Alguien dijo que no se necesita una buena educación para ser madre. Ese alguien nunca ayudó con una tarea de matemáticas de cuarto grado.

Alguien dijo que no se puede amar al segundo, tercer ó cuarto hijo como al primero. Ese alguien sólo tuvo un hijo.

Alguien dijo que se pueden encontrar en los libros las

respuestas a todas las preguntas sobre cómo criar hijos. Ese alguien no tuvo un hijo que se metió un fríjol en la nariz.

Alguien dijo que lo más difícil de ser madre es el parto. Ese alguien nunca dejó a su hijo en la escuela el primer día del Jardín.

Alguien dijo que una madre puede hacer su labor con los ojos cerrados y una mano atada a la espalda. Ese alguien nunca organizó la fiesta de cumpleaños de su hija.

Alguien dijo que una madre puede dejar de preocuparse cuando los hijos se casan. Ese alguien no sabe que el matrimonio agrega yernos y nueras al corazón de una madre.

Alguien dijo que el trabajo de una madre termina cuando el último hijo se va del hogar. Ese alguien no tiene nietos.

Alguien dijo que una madre sabe que su hijo la ama, así que no hay necesidad de decírselo. Ese alguien no es madre.

Alguien dijo que una madre no necesita de la comprensión y del "te quiero" del hijo. Ese alguien no es un hijo.

Anónimo.

¿Recuerdas cuando fuiste por primera vez a una escuela, te incorporaste a un equipo deportivo, o cuando cambiaste de trabajo? Los primeros días, te sentías extraño, raro, sin confianza; temías no poder desarrollar la función que se te estaba asignado. Pero después de un entrenamiento, convivencia y práctica, llegaste a dominar el ejercicio, la función o labor que se esperaba de ti. Tampoco te sientes inseguro, y ahora tienes nuevas relaciones laborales, educativas y con diferentes compañeros.

Cuando compras un vehiculo nuevo, probablemente no eres mecánico, y tal vez nunca lo seas, pero si tomas por un tiempo el manual para leerlo, vas a aprender su funcionamiento y vas a saber cuándo necesita cambio de aceite, cambio de bujías, cambio de llantas, sabes limpiarlo y conservarlo en óptimas condiciones.

Pero eso no sucede cuando te conviertes en esposo(a) o mucho menos en padre o madre, ya que los hijos no vienen con un manual en la guantera, no traen instructivos, ni garantías; tampoco se aceptan devoluciones.

Y cuando ya parece que saliste de los pañales, viene la infancia, después la adolescencia, la juventud, en eso entran ellos en nuevas relaciones como el noviazgo, cuando menos piensas ya eres suegro(a) y abuelo(a); y tus nietos tampoco traen su manual de instrucciones.

Casi todos dicen que los últimos años de este siglo pasarán a la historia como una época marcada por serios cuestionamientos acerca de la supervivencia de la especie humana. No por la inminencia o peligro de una guerra nuclear, sino por lo que llegó a percibirse como una autodestrucción escalonada, resultado de la pérdida de los mismos valores, que en otra época fueran precisamente los que garantizaron su crecimiento y hegemonía. Pero cabe mencionar que en todas las épocas la familia ha sido atacada, ha estado a punto de ser destruida según los políticos, sociólogos y filósofos de cada tiempo, pero siempre ha seguido adelante, porque la familia tiene un origen divino, fue creada en la mente de Dios, y Él nos ayuda para poder sacarla adelante.

El médico inglés Ronald Gibson, comenzó una conferencia sobre conflictos generacionales, citando cuatro frases:

1) "Nuestra juventud gusta del lujo y es mal educada, no hace caso a las autoridades y no tiene el menor respeto por los de mayor edad. Nuestros hijos hoy son unos verdaderos tiranos. Ellos no se ponen de pie cuando una persona anciana entra. Responden a sus padres y son simplemente malos".

2) "Ya no tengo ninguna esperanza en el futuro de nuestro país si la juventud de hoy toma mañana el poder, porque esa juventud es insoportable, desenfrenada, simplemente horrible."

3) "Nuestro mundo llegó a su punto crítico. Los hijos ya no escuchan a sus padres. El fin del mundo no puede estar muy lejos".

4) "Esta juventud está malograda hasta el fondo del corazón. Los jóvenes son malhechores y ociosos. Ellos jamás serán como la juventud de antes. La juventud de hoy no será capaz de mantener nuestra cultura".

Después de estas cuatro citas, quedó muy satisfecho con la aprobación, que los asistentes a la conferencia, daban a cada una de las frases dichas.

Recién entonces reveló el origen de las frases mencionadas:

La primera es de Sócrates (470-399 A.C.)
La segunda es de Hesíodo (720 A.C.)
La tercera es de un sacerdote del año 2.000 A. C.
La cuarta estaba escrita en un vaso de arcilla descubierto en las ruinas de Babilonia (Actual Bagdad) y con más de 4.000 años de existencia.

Padres y Madres de familia: Relájense pues siempre fue así...

Lo que sí debemos reconocer que nuevas circunstancias nos rodean el día de hoy y términos como: el derecho a la vida, la familia disfuncional, el suicidio de los adolescentes, los bebés adictos, la ruptura de la familia nuclear, los padres ausentes y muchos otros términos nacieron o florecieron en las dos ultimas décadas del siglo pasado.

A veces pensamos que la escuela es responsable de la educación de nuestros hijos y de la conservación de los valores y de los principios fundamentales de la familia y de la unión y conservación familiar. Pero tenemos que recordar lo siguiente:

El estudiante promedio asiste a la escuela aproximadamente siete horas diarias durante los ciento ochenta días de los cuales se compone el año escolar. Eso quiere decir que el estudiante promedio permanece en la escuela un total de 1260 horas al año.

Sin embargo, el año tiene 8760 horas; eso significa que en su casa permanece alrededor de 7500 horas.

Todo esto sin contar que cada niño estuvo al cuidado exclusivo de los padres 40,000 horas antes de iniciar su educación formal.

Algunos más piensan que es responsabilidad de la iglesia y de los clérigos (curas o pastores); cuando solamente pasan un promedio de 2 a 4 horas por semana en ella.

No, no es responsabilidad de nadie más que de nosotros los padres la educación de nuestros hijos; y la transmisión de los valores y principios familiares.

Dorothy Law Nolte en su poema lo describe de la siguiente manera:

Los niños aprenden lo que viven

Si un niño vive en la crítica,
Aprende a condenar.
Si un niño vive en la hostilidad,
Aprende a pelear.
Si un niño vive en el ridículo,
Aprende a ser tímido.
Si un niño vive con pena,
Aprende a sentirse culpable.
Si un niño vive con aliento,
Aprende a sentir confianza.
Si un niño vive con alabanza,
Aprende a apreciar.
Si un niño vive con la justicia,
Aprende a tener fe.
Si un niño vive con la aprobación,
Aprende a quererse.
Si un niño vive con la aceptación y la amistad,
Aprende a encontrar el amor en el mundo.

Siempre que teníamos problemas en la escuela o en el trabajo, si nos enfermábamos o necesitábamos un consejo, el hogar era el sitio donde encontrábamos comprensión y apoyo. En lo personal cada vez que necesito tomar una decisión crucial para mi vida personal, espiritual, ministerial o familiar, recurro al consejo sabio y oportuno de mi padre y de mi suegro, y solamente después de escucharlos tomo la decisión correcta.

El gran problema es que la mayoría de las veces damos

por asentado que esta situación y relación no cambiará nunca. Y en cierto sentido es verdad, pero en otro no. Ya que nunca nuestro hijo va a ser nuestro ex-hijo; y por eso creemos que él siempre va a estar ahí. Nos falta cultivar la armonía, la unión y la comunicación entre los miembros de nuestra familia nuclear. ¿Por qué si nuestra familia ocupa una prioridad tan alta en nuestras vidas, nuestras acciones no siempre se orientan a darle solidez a esta unión?

La razón por la cual la comunicación con nuestros hijos y nuestro cónyuge es casi inexistente, a pesar de la importancia que, por lo menos verbalmente, le hemos asignado, es que esta no es apremiante. Es decir, no es percibida como algo urgente a menos que exista un problema que exija nuestra intervención.

A pesar de la gran importancia, la comunicación con nuestra familia no goza de la atención que se merece. Nuestras acciones diarias muestran que esta no es una actividad que tenga la misma urgencia que las demás. ¿Por qué sucede esto? Pues porque asumimos que los hijos siempre van a estar ahí y eso nos da la certeza de que podemos hablar con ellos en cualquier momento. Tendemos a posponerlo porque no sentimos ninguna urgencia y porque no existe una circunstancia apremiante que demande atención inmediata.

¿Cuánto tiempo semanal de conversación ininterrumpida crees que se da entre cónyuges? Según los últimos estudios que se han realizado, informan que el promedio es de 27 minutos de conversación continua.

Ahora bien ¿Es vital el conversar con nuestro esposo o esposa? Creo que estamos de acuerdo en que sí lo es, pero ¿Es urgente? En realidad, la mayoría de las veces no, pues todos suponen que el esposo o la esposa siempre van a estar ahí, para nosotros, y como no hay ninguna prisa tendemos a postergarlo para más tarde.

Para muchas personas, el problema parece radicar en la falta de tiempo. Sin embargo, después de analizar cientos de casos, directa e indirectamente, he podido comprobar que el verdadero problema es la falta de planeación.

No es el tiempo el que nos hace falta, sino el incluir nuestras metas, nuestros sueños familiares en nuestra lista de actividades diarias y en nuestra lista de metas a corto mediano y largo plazo.

En un principio, es muy probable que esto requiera que coloques tus actividades familiares en la misma lista de actividades diarias, junto con todas tus obligaciones profesionales y de trabajo, para así asegurarte de hacerlas. Tu lista de actividades puede lucir de la siguiente manera:

Terminar el informe semestral.
Comprar los boletos para el viaje de la próxima semana.
Comprar flores para mi esposa.
Llevar el vehiculo para hacerle cambio de aceite.
Ir a ver el partido de mi hijo a las 6 de la tarde.

Es muy probable que algunos piensen que incluir las actividades familiares en la lista, les quita la espontaneidad con la cual deben ser realizadas. No obstante, la verdad es que debido al ritmo de vida que muchos llevamos, o dado que estos son hábitos que deseamos adquirir, escribirlo es sin duda una gran ayuda. Agendarlos es imprescindible, hasta que con el tiempo sean parte de nuestras actividades cotidianas.

Recuerdo hace algunos años, viviendo en la hermosa ciudad de Guatemala; cuando me vi precisado a agendar las actividades con mi familia. Por razones laborales, viajaba dos fines de semana la mes, tenía que poner en mi calendario de actividades el fin de semana exclusivo que teníamos para estar en familia.

En esta área es una de las más difíciles para establecer metas que lograr y sueños que alcanzar. Cuando me refiero a establecer metas familiares; no me estoy refiriendo necesariamente a fijar metas inalcanzables, espectaculares y solamente a largo plazo.

Podemos comenzar a fijar metas a corto plazo que nos permitan mantener una comunicación constante y abierta con todos y cada uno de los miembros de nuestra familia. Aquí me refiero específicamente a la necesidad de examinar claramente nuestras acciones y actividades diarias, y determinar si ellas van de acuerdo con la prioridad que le hemos otorgado a nuestras relaciones familiares.

Es claro también que como familia, tengamos grandes metas, sueños a largo plazo que nos permitan trabajar unidos en la realización de ellos. Si embargo, actividades aparentemente triviales, como pueden ser ayudar a tu hijo a realizar sus tareas, acompañarlo a su juego en el equipo deportivo en que esté, escuchar algo de música con tu cónyuge, o planear una salida a tomar un café, o simplemente caminar, tienen tanta importancia como cualquiera de tus metas más ambiciosas. Son estas pequeñas actividades las que permiten mantener encendida la llama de la unión y el amor familiar.

Señales de peligro en tu relación conyugal.

1. ¿Has cambiado el besar a tu cónyuge en los labios cuando te despides, por un besito en la mejilla?

2. ¿Ya olvidaste la última ocasión en la que le hiciste un regalo a tu cónyuge, sin que hubiera una ocasión especial para hacerlo?

3. ¿Ya no te tomas la molestia de llamar a casa para informar que vas a llegar tarde, o simplemente para saludar y decir que amas a tu cónyuge?

4. ¿Se te olvidan las ocasiones especiales, como cumpleaños, o aniversarios?

5. ¿Ya no disfrutas el compartir a solas con tu cónyuge, caminando, yendo al cine, saliendo a cenar?

6. ¿Has olvidado las cuatro expresiones básicas de cariño y respeto en toda relación conyugal? (Te amo, lo siento, gracias y por favor).

Hace algún tiempo atrás leí un poema que nos puede ayudar a reflexionar un poco sobre cómo estamos llevando nuestra relación con nuestros hijos. Creo que la esencia de este poema contiene verdades muy directas que deben hacernos meditar en cómo estamos educando a nuestros hijos.

Papá

No me des siempre todo lo que pida,
A veces sólo pido para ver cuánto puedo obtener.
No me des siempre órdenes; Si a veces me pidieras las cosas lo haría con gusto.
Cumple siempre tus promesas; Si me prometes un premio o un castigo, dámelo.
No me compares con nadie; Si me haces lucir peor que los demás seré yo quien sufra.
No me corrijas delante de los demás; Enséñame ser mejor cuando estemos a solas.
No me grites; te respeto menos cuando lo haces, Y me enseñas a gritar.
Déjame valerme por mi mismo o nunca aprenderé.
Cuando estés equivocado, admítelo;
Y crecerá mi opinión que tengo de ti.
Haré siempre lo que tú hagas; Pero nunca lo que tú digas y no hagas.
Enséñame a conocer y amar a Dios.
Cuando te cuente mis problemas; No digas no tengo tiempo; compréndeme y ayúdame.
Quiéreme y dímelo; me gusta oírtelo decir.

Anónimo.

El éxito no siempre se conquista dando un gran paso a la vez; también se puede alcanzar dando una serie de pasos pequeños, todos orientados a mantener un balance en nuestras vidas. Tenemos que iniciar con cosas pequeñas, como jugar con nuestros hijos, llevarlos a dormir, platicar con ellos, mucho va a depender de la edad que ellos tengan, pero nunca es tarde para abrazarlos, sin importar la edad, el tiempo o el momento, lee el siguiente poema, analízalo y reflexiona.

Abrace a sus hijos

Madre, acaricie a sus hijos.
Padre, abrácelos firmemente.
Permita que ellos sepan que los aman
por la mañana, al mediodía, y por la noche.

Ponga sus brazos alrededor de ellos,
sosténgalos cerca suyo,
sienta el latir de sus corazones,
la vida nueva que usted hizo.
Ruede por el suelo con ellos,
bromee, ría y juegue,
escuche lo que tienen que decirle,
ellos tienen mucho para contarle.

Tome tiempo para conocerlos,
vea el color en sus ojos.
Aprecie a esa persona tan profunda
dentro de sus pequeñas mentiras.

Permita que corran sus dedos por sus cabellos,
doble su cabeza,
llene sus corazones con palabras de alabanza,
haga de su hogar su lugar favorito.

Abrácelos estrechamente en el sofá
y mire un programa de televisión,
cante con ellos o comparta la lectura de un libro
y ayúdelos a crecer en su mundo.

Tome un tiempo para caminar en el parque,
sosténgase de la mano,
huela las flores, alimente los patos,
construya castillos en la arena.

Anónimo

Otro aspecto que también es muy importante con respecto a la educación de tus hijos; es que no les transmitas tus frustraciones, o el anhelo de que ellos logren tus sueños no realizados. El hombre más sabio que ha existido aparte de Jesucristo, dijo: *"Instruye al niño en su camino, y aún cuando fuere viejo no se apartará de él"* (Pr. 22:6). Dentro de la Iglesia cristiana muchos creen que se refiere exclusivamente a instruirlo en el camino de Dios, pero este versículo va mucho más allá de esto. Se refiere al camino, la meta la razón de ser, que Dios puso para la vida de ese hijo que Dios te ha confiado; eso quiere decir que tú eres responsable delante de Dios, de la sociedad y de tu propio hijo, de ayudarle a encontrar su vocación, su profesión el debe alcanzar sus sueños, no tratar de cumplir los tuyos. La madre Teresa de Calcuta lo dijo de la siguiente manera en un poema que escribió:

Para padres y maestros.

"Enseñarás a volar, pero no volarán tu vuelo.
Enseñarás a soñar, pero no soñarán tu sueño.
Enseñarás a vivir, pero no vivirán tu vida.
Sin embargo...
en cada vuelo,
en cada vida,
en cada sueño,
perdurará siempre la huella
del camino enseñado."

Madre Teresa De Calcuta

Este poema trae a mi mente la siguiente frase: *"Antes de casarme yo tenía tres diferentes teorías acerca de cómo criar a los hijos. Ahora tengo tres hijos y ninguna teoría que sirva"* John Wilmot. Y probablemente esa es tu situación en este mismo momento, pero sé que quieres cambiar en tu área familiar, quieres alcanzar tus sueños de tener hijos ejemplares, un cónyuge excepcional y un hogar digno de imitar.

Ahora vamos a pasar a la acción directa de esta área en nuestra vida. Para mejorar lo que estamos haciendo, corregir lo incorrecto y superar las deficiencias que todavía tenemos. Hay sueños que alcanzar y objetivos que lograr.

Autoevaluaciones de tu área familiar

Acerca de tu cónyuge. Esta evaluación busca saber qué tan bien conoces a tu pareja. Comparte tus respuestas con ella, y utilízala para buscar conocer más profundamente a este ser con el cual has decidido pasar el resto de tu vida.

Autoevaluación De Tú Area Conyugal

1 Escribe tres cualidades que tu cónyuge tiene:

a) _____
b) _____
c) _____

2 Menciona tres cualidades que crees que tu cónyuge diría que le gustan de ti:

a) _____
b) _____
c) _____

3 ¿Qué fue lo que más te atrajo de tu cónyuge cuando la conociste?

_____
_____
_____

4 Escribe los tres sueños, metas, aspiraciones o propósitos más importantes de tu cónyuge:

a) _____
b) _____
c) _____

5 Menciona algunas de las afirmaciones positivas que los demás dicen de tu cónyuge:

a) _____
b) _____
c) _____
d) _____
e) _____

6 Describe uno de los recuerdos más gratos que tengas de tu cónyuge:

_____
_____

Autoevaluación De Tú Area Conyugal
(Continuación)

7 ¿Cómo describirías el carácter de tu cónyuge?
_____
_____
_____

8 Según lo estudiado en el capítulo, ¿Te sientes satisfecho con el tiempo que le dedicas a tu cónyuge? Si tu respuesta es no, ¿Qué vas a hacer para cambiar esa situación?
a) _____
b) _____
c) _____

9 Hasta este punto de tu vida matrimonial ¿Cómo evaluarías tu relación conyugal? Descríbela brevemente:
_____
_____
_____

10 ¿Cómo describirías el sentido de humor de tu cónyuge?
_____
_____

11 Qué tiempo tiene que no tienes detalles significativos con tu cónyuge, como ver un partido, llevarle flores, comprar chocolates, pasar un tiempo juntos escuchando música, caminar juntos, bailar. (Describe brevemente):
_____
_____
_____
_____

12 Si pudieras regresar en el tiempo, ¿Qué cosas cambiarias de tu relación conyugal?
a) _____
b) _____
c) _____

Autoevaluación de ti mismo

1 ¿Agradeces a tu cónyuge por hacer pequeñas cosas en casa, aun cuando sean parte de su responsabilidad? Siempre ☐ Nunca ☐

2 ¿Le preguntas con frecuencia a tu cónyuge cómo se siente y escuchas lo que tiene que decirte? Siempre ☐ Nunca ☐

3 ¿Cuándo tu cónyuge ha tenido un día difícil, realizas un esfuerzo extra para atenderle? Siempre ☐ Nunca ☐

4 ¿Le demuestras físicamente con abrazos y besos a tu cónyuge tu amor y aprecio? Siempre ☐ Nunca ☐

5 Cuando tu cónyuge llega a la casa, ¿Dejas de hacer lo que estás haciendo para recibirle y saludarle cariñosamente? Siempre ☐ Nunca ☐

6 ¿Estás dispuesto(a) a aprender nuevas actividades que le interesan realizar a tu cónyuge, aunque a ti no te interesen demasiado? Siempre ☐ Nunca ☐

7 ¿Sólo por demostrar tu amor, en ocasiones realizas trabajos o actividades que son usualmente responsabilidad de tu cónyuge? Siempre ☐ Nunca ☐

8 ¿Cuándo los familiares de tu cónyuge los visitan, te esfuerzas por atenderlos y que ellos se sientan a gusto? Siempre ☐ Nunca ☐

9 ¿Das prioridad a conversar con tu cónyuge, sobre cualquier otra actividad que pueda estar demandando tu atención? Siempre ☐ Nunca ☐

10 ¿Frecuentemente le haces un regalo a tu cónyuge sin que sea una fecha especial, sólo para demostrarle tu amor? Siempre ☐ Nunca ☐

Asígnate en la gráfica de evaluación de ti mismo un puntaje del 1 al 10 en cada una de las siguientes preguntas, siendo 1 para nunca y 10 para siempre.

Puntajes entre los 20 y los 40. Debes prestar mayor atención a tu pareja y a tu relación.
Puntajes entre los 41 y los 60. Vas por buen camino. Sin embargo hay cosas que mejorar.
Puntajes entre los 61 y los 80. Buen trabajo. prémiate con una velada inolvidable.
Puntajes entre los 81 y los 100. Felicitaciones; está Archirecontratremendisisísimo. Envíame tu historia para ponerla como ejemplo en mi próximo libro que escribiré sobre la familia.

Autoevaluación en el área de tus hijos

1. ¿Sabes sin temor a equivocarte cuales son los sueños y metas más importantes de tus hijos? Sí ☐ No ☐

2. ¿Apoyas y ayudas a tus hijos en sus tareas, actividades e intereses personales (sueños, metas y planes)? Sí ☐ No ☐

3. ¿Consultas y tomas en cuenta la opinión de tus hijos al momento de asentar metas o tomar decisiones que afectan a toda la familia? Sí ☐ No ☐

4. ¿Normalmente te reúnes con ellos para conversar, sin que tenga que existir algún problema o situación que demande tu atención? Sí ☐ No ☐

5. ¿Dejas de hacer lo que estás haciendo (ver televisión, leer el periódico); para escuchar a tus hijos? Sí ☐ No ☐

6. ¿Estás dispuesto a iniciar nuevas actividades, o juegos en las que tus hijos estén interesados, aunque tú no lo estés? Sí ☐ No ☐

7. ¿Participan tus hijos, voluntariamente, en tus intereses personales, preferencias deportivas o actividades recreativas, o se sienten presionados a participar? Sí ☐ No ☐

8. ¿Frecuentemente les preguntas a tus hijos cómo les fue en ese día, cómo se sienten, y los escuchas genuinamente? Sí ☐ No ☐

9. ¿Tus hijos pueden hablar contigo de cualquier tema, abren su corazón para expresar sus sentimientos, emociones y conflictos? Sí ☐ No ☐

10. ¿Conoces, hablas e interactúas con los amigos de tus hijos? Sí ☐ No ☐

Asígnate en la evaluación en el área de tus hijos un puntaje del 1 al 10 en cada una de las siguientes preguntas, 1 es para cuando nunca lo haces y 10 es para cuando lo haces siempre.

Puntajes entre los 20 y los 40. Debes prestar atención urgentemente a la relación que tienes con tus hijos. Examina cada respuesta y determina qué puedes comenzar a hacer para cambiar esa situación hoy mismo.
Puntajes entre los 41 y los 60. Es importante acercarte más. Recuerda que de la fuerza de tu relación con ellos; depende que te conviertas en una fuerte influencia en sus vidas.
Puntajes entre los 61 y los 80. Estás haciendo muy buen trabajo. Pero ya es hora de llevar tu relación a otro nivel. Se creativo y sorpréndelos.
Puntajes entre los 81 y los 100. Felicitaciones, de todo corazón. Es el momento de compartir tu historia con el mayor número de familias que puedas. Ya que desafortunadamente este tipo de vida familiar no es común en nuestro entorno.

Plan de acción de tu área familiar.

1. ¿Estás satisfecho realmente con la relación que mantienes con tu cónyuge y con tus hijos? Enumera a continuación por lo menos cinco acciones que puedes realizar para mejorarla:
a) _____
b) _____
c) _____
d) _____
e) _____

2. ¿Das prioridad a tus relaciones familiares, aun sobre tus logros profesionales o permites que tu área familiar sea relegada a un plano secundario o terciario?
_____
_____
_____
_____

3. ¿Conoces realmente a los miembros de tu familia? ¿Puedes enumerar al menos tres sueños que cada miembro de tu familia tenga, iniciando con los de tu cónyuge?
a) Sueños de mi cónyuge:
a1) _____
a2) _____
a3) _____
b) Sueños de mi hijo(a):
b1) _____
b2) _____
b3) _____
c) Sueños de mi hija(o):
c1) _____
c2) _____
c3) _____

      Así puedes continuar hasta que escribas los de cada miembro de tu familia.

4. ¿Escuchas las inquietudes de tus hijos o las ignoras a causa de las demandas que tienes en tu propia agenda?
_____
_____
_____

5. ¿Mantienes celos, rencores, envidas, resentimientos o alguna rivalidad con algún miembro de tu familia? Si tu respuesta es positiva. ¿Qué acciones piensas tomar para cambiar esto?

a) _____

b) _____

c) _____

6. ¿Celebras las fechas especiales en compañía de tu familia o prefieres evitar estar con ellos?

_____

_____

7. ¿Qué actividades específicas crees que pueden fomentar una mejor comunicación y unión entre los miembros de tu familia? Menciona por lo menos tres y se muy específico.

a) _____

b) _____

c) _____

8. ¿Durante este ultimo mes, qué actividad específica realizaste para hacerle saber a tu cónyuge cuánto la amas, y cuánto aprecias su amor y su apoyo?

_____

_____

9. ¿Compartes tus decisiones, problemas e inquietudes con tu familia, o sueles mantenerlos alejados de las demás áreas de tu vida?

_____

_____

_____

10. ¿Si tu cónyuge y tus hijos te evaluaran, qué puntaje crees que te asignarían del 1 al 10? Siendo 1 para un mal cónyuge o padre y 10 para un excelente cónyuge o padre:

a) Tú cónyuge: _____
b) Tu Hija(o): _____
c) Tu Hijo(a): _____

Mis 10 metas familiares más importantes

#	Metas	Fecha
1		
2		
3		
4		
5		
6		
7		
8		
9		
10		

Declaraciones familiares.

En este tipo de afirmaciones es muy conveniente que cambies el artículo por el nombre de tu cónyuge y por el de tus hijos; de esa forma las afirmaciones serán mas personalizadas.

1. Amo el estar casado, y disfruto de las experiencias y bendiciones que mi matrimonio ha traído a mi vida. Disfruto mucho de ser un gran Padre/Madre, y de experimentar los grandes frutos y placeres que mi relación con mis hijos trae a mi vida.

2. Mi cónyuge es exactamente el que Dios preparó para mi. Ninguno de mis hijos está en mi vida por azar del destino, ni son rechazados, sino que cada uno de ellos fue plenamente esperado y es totalmente amado.

3. Mi matrimonio ha funcionado porque he trabajado en él. Y aunque desde el principio tomé la decisión de tener éxito en mi matrimonio, esto es algo que nunca doy por asentado, y siempre estoy conciente del papel que desempeño para que el éxito en mi matrimonio perdure.

4. Respeto la individualidad de mi cónyuge. Admiro las muchas cualidades y talentos que tiene y que ha traído a enriquecer nuestra relación; y frecuentemente demuestro mi amor y admiración, tanto en público como en privado.

5. Estoy muy orgulloso de mis hijos(as); son obedientes, gentiles, excelentes estudiantes. Cada uno de ellos está encaminado en cumplir su destino, lograr su razón de ser y alcanzar cada uno de sus sueños.

6. Respeto mi matrimonio y a mi cónyuge, y busco siempre la mejor manera de solucionar cualquier problema. Cualquier discusión o desacuerdo que tengo en la casa lo soluciono en privado, con entendimiento, empatía y con un amor profundo y significativo. Soy sensible a las necesidades de mi cónyuge.

7. Soy honesto, sincero y abierto en mi manera de pensar. Siempre me expreso de manera clara y serena, y soy siempre muy sensible hacia las opiniones y sentimientos de mis seres queridos.

8. Mantengo una relación con mi cónyuge y con mis hijos; basada en la confianza mutua. No mantenemos secretos de ninguna clase entre nosotros.

9. Poseo una gran habilidad para expresarme espiritual, física y emocionalmente, sin ninguna reserva y sin nada que me detenga. Cuando hablo, siempre lo hago con convicción. Escojo bien las palabras que uso, asegurándome de ser claro, asertivo y siempre positivo; al mismo tiempo que soy respetuoso y considerado con cada uno de los miembros de mi familia.

10. Siempre transmito a mis hijos los valores y

principios que considero importantes para el éxito, y para que cada uno de ellos logre alcanzar sus sueños, a través de mi propio ejemplo, que está basado en acciones y en palabras. Mis acciones y hábitos son consistentes y congruentes con los valores y principios de éxito que gobiernan mi vida. Soy una piedra fundamental en la realización de sus aspiraciones, sueños y metas de cada uno de los miembros de mi familia.

El Área Física y De Salud

Si tus metas personales no incluyen el ejercitar tu cuerpo de manera regular, entonces no podrás decir que tu plan de éxito está completo. No podrás decir que tus sueños cubren cada una de las áreas de tu vida.

Necesitas cuidar tu salud y sentar metas orientadas a conservar un buen estado físico. Esto incluye dar suficiente descanso a tu cuerpo, consumir comida balanceada y hacer ejercicios regularmente para estar siempre en forma. Debes tener metas en esta área. No simplemente resoluciones o pensamientos guajiros de fin de año, sino metas que sigas con disciplina y entusiasmo. De nada vale haber alcanzado tus sueños en otras áreas de tu vida, sino gozas de una plena salud para disfrutarlos.

La salud es mucho más que la simple ausencia de enfermedad. Es el resultado de un equilibrio entre el bienestar físico y el mental. En efecto, una salud óptima es el producto de factores tanto físicos como mentales.

El estrés es una de las mayores causas de enfermedad y hasta de muerte. El Dr. Chopra define el estrés: como: *"La acumulación de presiones normales y anormales de la vida diaria que ponen a prueba la habilidad del individuo para enfrentarlas".*

Hace algún tiempo salió una noticia en un periódico, en el cual varios doctores afirmaban después de una investigación, que: *"hay una relación directa entre la claridad de nuestras metas y la ocurrencia de enfermedades como la artritis, el cáncer y varias otras. Entre más clara sea la visión de nuestro futuro y de nuestros sueños, menor es la posibilidad de desarrollar muchas de estas enfermedades. Y la falta de sueños, metas, planes y visiones claras; ataren como un imán inherente a cada una o a muchas de estas enfermedades".*

Es innegable que existe una influencia recíproca entre nuestra salud y nuestra actitud mental. Una actitud positiva, un alto grado de motivación y entusiasmo crean las condiciones para el desarrollo de una buena salud, de la buena digestión y del desarrollo normal de los procesos metabólicos de nuestro organismo corporal.

Examina tu actitud:

Tú eres quien eres y te encuentras donde te encuentras, tanto física como mentalmente, como resultado de todos aquellos pensamientos que han encontrado cabida en tu mente. El libro de Proverbios dice: *"Tal es el pensamiento del hombre, así es él"*. La buena noticia es que si no estás satisfecho con quién eres, si no te encuentras a gusto con la salud que tienes, tanto física como mental; tú puedes cambiar esa situación, cambiando la clase de información con que alimentas tu mente y cambiando la clase de pensamientos y emociones que albergas en ellas.

"Te convertirás en aquello en lo que piensas constantemente" Los pensamientos que albergas en tu mente influyen en tus decisiones a largo plazo y en tus determinaciones diarias, ya que toda acción está precedida de un pensamiento, así de simple.

Pensamientos positivos como el entusiasmo, el amor, la amistad, la paz, la tranquilidad y muchos otros, producen un flujo de neurotransmisores y hormonas en el sistema nervioso central que estimula, provee energía al cuerpo, y crea las circunstancias propicias para el mantenimiento o restauración de una buena salud. Cada uno de nosotros somos hasta cierto punto, responsables del nivel de salud del cual estemos disfrutando.

Esa actitud triunfadora y perseverante que caracteriza a las personas de éxito y que tienen sueños vivos, no sólo ayudará a alcanzar tus metas más ambiciosas, tus sueños más grandes y que para muchos son inalcanzables; sino que aún en muchas ocasiones pueden ser la diferencia entre la vida y la muerte.

Un grupo de investigadores del hospital King's College de Londres, realizó un estudio con cincuenta y siete pacientes que sufrían de cáncer en el seno y quienes habían recibido una mastectomía. Siete de cada diez mujeres de aquellas que poseían lo que los doctores identificaban como "un espíritu de lucha", diez años mas tarde aún tenían vidas normales, mientras que cuatro de cada cinco de aquellas personas que en opinión de los doctores "habían perdido la esperanza y se habían resignado a lo peor" Poco tiempo después de haber oído su diagnostico, habían muerto.

Considera que el aspecto principal de tu salud, es tu actitud, y normalmente tendemos a culpar a las circunstancias, a los problemas, la falta de tiempo, el lugar donde comes y muchas cosas más. Hace algún tiempo un amigo me envío un escrito, haciendo una crítica a una frase del himno mexicano, en donde de una manera cierta y cómica nos hace reflexionar que el principal enemigo somos nosotros mismos. Anexo el documento para que lo leas y reflexiones y por un momento te detengas y dejes de culpar a los demás por lo que te está pasando y por la vida que estas viviendo.

Masiosare: un extraño enemigo

Masiosare, ese extraño enemigo del que se hace mención en nuestro himno nacional, ha reaparecido y está nuevamente entre nosotros: profanó con su planta nuestro suelo y está listo para destruir a México.

Lo triste es que Masiosare es extraño pero no extranjero y de hecho ha estado eternamente entre nosotros; el principal y más terrible enemigo que ha tenido por siempre el mexicano, es el mexicano de al lado, dispuesto a hacerlo pedazos.

Los mexicanos tenemos esa maravillosa tendencia a achacar todos nuestros problemas a alguna misteriosa y maquiavélica fuerza ajena a nosotros: perdemos el mundial porque el árbitro está en contra nuestra; en las olimpiadas los jueces de la caminata están en contra de los mexicanos; Fernando Platas no le cae bien a los jueces de clavados y por eso lo califican mal; seríamos ricos si los españoles no nos hubieran conquistado; seriamos potencia si los gringos no nos hubieran quitado el territorio del norte y hubiéramos ganado el mundial del 94 si Bora hubiera hecho los cambios y metido a Hugo. Por supuesto, López hubiera ganado si no fuera por el complot de la derecha internacional orquestado, con el cariño de siempre, por el osito Bimbo.

Nunca se nos ocurre pensar que los problemas de los mexicanos pueden ser culpa de los mexicanos, principalmente porque somos enemigos unos de otros.

En casi todos los países del mundo, el ataque de un extranjero provoca la unión del pueblo por más dividido que esté. Aquí nos divide más. El presidente de TODOS los mexicanos (aunque hayan votado por otro partido) se llama

Felipe Calderón. El señor se fue a una gira por Europa que tuvo bastante éxito y en la que desde luego nos dejó mucho mejor parado que su antecesor. En esta gira hubo cosas interesantes, se promovió al país, se le dio buena imagen, se dio confianza al inversionista... pero las noticias en México le dieron más importancia a los berrinches del Mico Mandante Chávez.

Calderón, representante de todos los mexicanos, habló de unidad en Latinoamérica por encima de izquierdas y derechas. Mico Mandante Chávez no perdió oportunidad para arremeter en su contra, insultarlo y burlarse de él y por tanto, del pueblo de México. De inmediato los diputados y senadores del PRD y otros partidos hicieron la "Cargada", pero del lado del Venezolano: es necesario restablecer la relación con Venezuela, sin importar los insultos que su presidente inflija al nuestro.

Hace poco el señor Bush habló ante su parlamento, dominado por la oposición. Fue presentado por la presidenta parlamentaria, de oposición también, quien en vez de tomar la tribuna y manchar de café su bandera se dirigió a los presentes diciendo: "Tengo el honor de presentarles al presidente de los Estados Unidos de América". No lo quieren, es su enemigo, su oposición, no es popular, pero es el presidente. Aquí lo obligamos a entrar a escondidas a la Cámara.

Calderón va a España a hablar con el presidente Zapatero y ese mismo día se le adelanta el líder de su propio partido, un loco, radical, megalómano ansioso de salir en los medios; para decir que Zapatero hace mal las cosas y que en realidad no está combatiendo el crimen organizado y el terrorismo. Esos errores no son casuales. Enemigos internos. "Fuego amigo". Ya ni hablar del gabinete alterno que dentro del PAN están formando los ex funcionarios, como Abascal, Derbez y el mismísimo Fox. ¡Señores, ya se les acabó su sexenio, hay que cerrar el ciclo, pasar a lo que sigue, maduren!

Fox era muy malo para la diplomacia, terrible; pero lo que le hizo Castro de grabarle conversaciones y publicarlas es una canallada, digna eso sí, de un dictador senil. Los diputados y senadores de la oposición fueron al monumento de José Martí a colocar una ofrenda al pueblo cubano en desagravio... ¡Y nuestro agravio qué!

Hace cien años decía Porfirio Díaz: la razón por la que le va mejor a Estados Unidos es que una vez que alguien gana la presidencia, el pueblo y los políticos se le unen para trabajar por la nación. En cambio en México, en cuanto alguien toma el poder, todos, enemigos y antiguos amigos, se ponen en su contra. Eso fue hace cien años y pudo haber sido dicho ayer. Mexicanos al grito de guerra... pero entre nosotros.

Y éste es el meollo del asunto, nos atacamos entre todos cuando deberíamos unirnos porque es una costumbre histórica heredada de generación en generación. Cuando México firmó su acta de independencia, el 27 de septiembre de 1827, nuestro primer día como nación libre, comenzaron los golpes.

Unos querían un imperio, otros monarquía; de ellos, cada quien con un rey distinto; otros más se decantaban por la república, pero unos la querían federal y otros centralista. Eso nos hizo pelearnos todo el siglo XIX.

Cuando por fin los más importantes paladines de la independencia se pusieron de acuerdo, formaron un congreso que nombró emperador a Iturbide como Agustín I; al día siguiente, aquellos que pelearon a su lado ya peleaban en su contra.

Nuestro primer presidente, Guadalupe Victoria, encontró a su peor enemigo en su vicepresidente, Vicente Guerrero, quien al llegar a la presidencia encontró a su peor enemigo en su vicepresidente, Anastasio Bustamante. Otros grandes antagonistas fueron Benito Juárez y Valentín Gómez Farías, siempre que fueron fórmula de gobierno.

Y esa tan lamentada invasión gringa en la que perdimos medio territorio, todo mexicano la recuerda, pero casi ninguno conoce los pormenores. Mientras los ejércitos invasores avanzaban por territorio nacional nuestros líderes se peleaban entre sí por el poder. Dos Marianos eran los protagonistas políticos de la época; el presidente Mariano Paredes, al mando del mejor ejército del que México había dispuesto en su historia, en vez de defender a la nación de la invasión lo usó para conservar el poder. El otro Mariano; Salas, estaba en la capital proclamando la monarquía. Los yanquis desfilaban sin mucho disturbio a Palacio Nacional. Y en la famosa Revolución Mexicana todos nuestros "héroes" se mataron entre sí. Todos han pasado a la historia como buenos y tienen sus nombres en oro en el Congreso; pero el héroe Carranza mató al héroe Zapata, el héroe Obregón mató a los héroes Villa y Carranza y el héroe Plutarco Elías Calles mató al héroe Obregón. Por cierto que el héroe Calles fue expulsado del país por el héroe Cárdenas.

El proyecto de Guerrero era quitar a Victoria, el proyecto de Bustamante era quitar a Guerrero; el proyecto de Santa Anna era quitar al que estuviera; el de Juárez fue quitar a Santa Anna y el de Díaz quitar a Juárez. Madero tuvo un proyecto: quitar a Díaz; Obregón quitar a Carranza y Calles quitar a Obregón. El proyecto de Fox era quitar al PRI... el proyecto del ciudadano López es quitar a Calderón.

Y en torno a esto último deberíamos reflexionar, sobre aquellas palabras citadas de Porfirio Díaz: ya es hora de que dejemos de unirnos para atacar al presidente, ya es hora de que el proyecto de nación deje de ser quitar al que tiene el poder.

Aunque el gringo promedio es Homero Simpson, son potencia mundial porque trabajan en equipo y porque a pesar de todo respetan a sus instituciones y a su presidente, mientras aquí Fernández Noroña trata de salir en la tele golpeándose contra el Estado Mayor.

En este momento decisivo de nuestra historia vemos una vez más a Masiosare enfrentando a todos contra todos. El ciudadano López está dispuesto a destruir y reventar este país antes de dejar que lo gobierne alguien que no sea él.

Dicen que el pueblo unido jamás será vencido... ¿Cuándo será el día en que México esté unido? Tal vez ese día sí logremos derrotar a Masiosare: ese extraño enemigo. **Por Juan Miguel Zunzunegui**

Así es que nosotros mismos somos nuestros propios enemigos, y nosotros mismos somos los que tenemos la solución y el remedio. Hoy decide cambiar de actitud, de establecer metas y de alcanzar tus sueños de perder esas libra de más, de obtener una buena condición de salud, pero no es suficiente la actitud, hay que elaborar un plan de acción hoy mismo y ejecutarlo hoy mismo.

Mantén una dieta balanceada

Déjame decirte algo acerca de tu cuerpo, que probablemente ya conozcas; pero que es posible que hayas olvidado. El cuerpo que ahora tienes es el único con el que cuentas. Si dejas que se deteriore, si no cuidas de él, no podrás reemplazarlo más adelante por uno nuevo. No es como un automóvil que lo puedes cambiar si quieres cada año, o como una camisa, un pantalón o un par de zapatos. Si esto es así, ¿No te parece que deberías controlar mejor lo que introduces en él? Después de todo, tu organismo no es más que el resultado de lo que has puesto en él. Tu salud, tu nivel energético, tu capacidad para defenderte de infecciones y enfermedades y tu longevidad, son todas afectadas en mayor o menor grado por la clase de alimentos que consumes o la dieta alimenticia que llevas.

Dios mismo le declaró al pueblo de Israel que Él

era su sanador (Ex. 15:26), pero también le dio todo un cúmulo de instrucciones acerca de su alimentación, (Lv.11) esta dieta era muy rigurosa; pero si el pueblo se quería mantener sano, tenía que ejecutarla al pie de la letra. Ahora te propongo algunos objetivos que tú debes personalizar:

Cuida tu dieta

Reconoce la importancia de una dieta balanceada
Presta mucha atención a lo que comes
Asegúrate que tu dieta sea rica en fibra
Disminuye la cantidad de grasas saturadas
Procura consumir poca azúcar
Consume más vegetales y verduras
Come para vivir y no vivas para comer
Se moderado en tu consumo de alimentos

Ahora bien, es probable que una de tus metas sea alcanzar tu peso óptimo. Digamos que tu sueño, meta o propósito es perder cuarenta libras de peso. Son muchas las personas que han empezado una dieta y han fracasado sólo un par de semanas después. ¿Qué hacer para que no te suceda lo mismo? El primer paso es empezar con una visita al médico; lo ideal para una persona puede no funcionar para otra; la edad, el peso, y el estado físico son fundamentales para determinar cuál es la dieta que más te conviene.

El segundo paso es entender que si vas a perder peso empezando con una nueva dieta, muy pronto vas a sentir hambre. Y puedes darle el nombre que quieras, pero la única verdad es que sólo hay una cosa que va a permitir que pierdas el peso y no lo vuelvas a ganar. Piensa por un momento. Ganaste todo ese peso porque tenías un mal hábito alimenticio, comías demasiado. Sólo perderás peso cuando adquieras un buen hábito: comer con moderación y sanamente.

Para poder alcanzar este meta. Este sueño tiene que ser tuyo, no de tus amigos, familiares o de tus jefes. Muchas personas fracasan porque están tratando de alcanzar sueños impuestos por otras personas. Si crees que necesitas perder peso, asegúrate que esta es verdaderamente una de tus metas, y no simplemente el resultado de presiones externas.

Hay individuos que no logran triunfar porque están persiguiendo ciertos sueños, sólo para complacer los deseos de otras personas y no sus propias expectativas. Es crucial que entiendas que las metas y los sueños que estás persiguiendo deben ser realmente tuyos, porque tú no puedes alcanzar los sueños de otros. Debes querer verdaderamente perder ese peso, si esa es tu meta.

El segundo punto acerca de esta meta es que debe ser lo suficientemente específica. Si son cuarenta libras debes decir: perderé cuarenta libras. Asigna una fecha concreta para el logro de esa meta. Recuerda que metas borrosas producen resultados borrosos.

El tercer punto acerca de esta meta es que es suficientemente grande y seguramente exigirá de ti un esfuerzo fuera de lo común; Son las metas grandes las que sacan a relucir el enorme potencial que reside dentro de cada uno de nosotros.

Una vez que hayas dado los pasos que mencioné; elimina toda excusa y no descanses hasta alcanzar tu meta.

Ejercita tu cuerpo:

El ejercicio no es un lujo ni una simple distracción. Es una de las más importantes inversiones en tu salud y la clave para lograr un excelente estado físico. Este ejercicio debe incluir tonalidad muscular, resistencia física y acondicionamiento cardiovascular. Ejercítate regularmente, si ya lo haces sigue haciéndolo, pero si no lo estás haciendo inicia hoy. El cuerpo que has recibido, ya sea que gustes de él o no, te fue dado de por vida y, por tal motivo, se encuentra bajo tu completa responsabilidad.

Por desgracia muchas personas no llegan a apreciar el bienestar físico del cual gozan y abusan hasta que lo pierden. Comienza a cuidar desde ahora tu estado físico y pronto te darás cuenta de los beneficios que ello puede traer a otras áreas de tu vida. El apóstol Pablo dijo: "...el ejercicio corporal para poco aprovecha". Pero dentro de sus mismas palabras da la idea de que sí hay un provecho, algún beneficio, así es que recíbelo, claro si ejercitas tu cuerpo.

El ejercicio te proveerá de mayor energía y te ayudará a reducir el estrés notablemente.

El primer paso para seleccionar el plan que te permita mejorar tu estado físico debe ser descubrir las razones por las cuales es importante para ti. El siguiente paso, de suma importancia especialmente para aquéllas personas que no han hecho ejercicios durante mucho tiempo, es empezar con una visita al médico, y de ser posible contratar a un acondicionador físico o entrenador. Porque el mejor programa de ejercicios para ti, depende de tu estado de salud, tu condición física, tu nivel de actividad diaria, y tu edad.

La falta de ejercicio no es lo único que va en detrimento de nuestra salud. La poca actividad física, característica de nuestra vida sedentaria, es también la causante o un factor agravante de un sinnúmero de enfermedades. Por esa razón, modificar nuestro estilo de vida, de manera que incluya mayor actividad física, debe ser una de nuestras prioridades inmediatas.

Hoy en día por toda Europa se está generalizando una nueva cultura que influye en todo su estilo de vida, lee el siguiente artículo que me llegó de forma anónima; según los datos que ahí mismo presenta parece ser que lo escribió un brasileño:

La cultura del slow down

Ya voy para 18 años desde que ingresé en la Volvo, una empresa sueca. Trabajar con ellos es una convivencia muy interesante. Cualquier proyecto aquí demora dos años para concretarse, aunque la idea sea brillante y simple. Es una regla.

Los procesos globalizados causan en nosotros

(brasileños, argentinos, colombianos, peruanos, venezolanos, mexicanos, australianos, asiáticos, etc.) una ansiedad generalizada en la búsqueda de resultados inmediatos.

En consecuencia, nuestro sentido de la urgencia no surte efecto dentro de los plazos lentos de los suecos. Los suecos debaten, debaten, realizan "n" reuniones, ponderaciones, etc. ¡Y trabajan! con un esquema más bien "slowdown". Lo mejor es constatar que, al final, esto acaba siempre dando resultados en el tiempo de ellos (los suecos) ya que conjugando la madurez de la necesidad con la tecnología apropiada, es muy poco lo que se pierde por aquí en Suecia.

Lo resumo así:
1. Suecia es del tamaño del estado de San Pablo (Brasil).
2. Suecia tiene tan sólo dos millones de habitantes.
3. La ciudad más grande, Estocolmo, tiene apenas 500.000 habitantes (compare con Curitiba, Brasil, donde existen dos millones de habitantes; o tan sólo Mar del Plata, Argentina, ciudad balnearia, donde casi un millón de personas viven permanentemente, o Rosario, Argentina, con tres millones).
4. Empresas de capital sueco: Volvo, Skandia, Ericsson, Electrolux, ABB, Nokia, Nobel Biocare, etc. Nada mal, ¿no? Para tener una idea de la importancia de ellas basta mencionar que Volvo es la que fabrica los motores propulsores para los cohetes de la NASA.

Los suecos pueden estar equivocados, pero son ellos

quienes pagan mi salario. Por ahora, menciono especialmente que no conozco un pueblo, como pueblo mismo, que posea más cultura colectiva que los suecos. Voy a contarles una historia corta, sólo para darles una idea:

La primera vez que fui para Suecia, en 1990, uno de mis colegas suecos me recogía del hotel todas las mañanas. Estábamos en el mes de septiembre, algo de frío y nevisca. Llegábamos temprano a la Volvo y él estacionaba el auto muy lejos de la puerta de entrada (son 2000 empleados que van en coche a la empresa). El primer día no hice comentario alguno, tampoco el segundo, o el tercero. En los días siguientes, ya con un poco más de confianza, una mañana le pregunté a mi colega: "¿Tienen ustedes lugar fijo para estacionar aquí? pues noté que llegamos temprano, con el estacionamiento vacío y dejaste el coche al final de todo...". Y él me respondió simplemente: Es que como llegamos temprano tenemos tiempo para caminar, y quien llega más tarde, ya va a llegar retrasado y es mejor que encuentre lugar más cerca de la puerta. ¿No te parece? Imaginen la cara que puse. Y con ella fue suficiente para que yo revisara en profundidad todos mis conceptos anteriores.

En la actualidad, hay un gran movimiento en Europa llamado *"Slow Food"*. La Slow Food International Association, cuyo símbolo es un caracol, tiene su central en Italia (el sitio en la internet es muy interesante, visítalo).

Lo que el movimiento Slow Food predica es que las personas deben comer y beber lentamente, dándose tiempo para saborear los alimentos, disfrutando de la preparación, en convivencia con la familia, con los amigos, sin prisa y con calidad. La idea es contraponerse al espíritu del Fast Food y lo que éste representa como estilo de vida.

La sorpresa, por tanto, es que ese movimiento de Slow Food está sirviendo de base para un movimiento más amplio llamado Slow Europe como resaltó la revista Business Week en una de sus últimas ediciones europeas. La base de todo está en el cuestionamiento de la "prisa" y de la "locura" generada por la globalización, por el deseo de "tener en cantidad" (nivel de vida) en contraposición al de *"tener en calidad"*, *"calidad de vida"* o *"calidad del ser"*.

Según la Business Week, los operarios franceses, aunque trabajen menos horas (35 horas por semana) son más productivos que sus colegas estadounidenses o británicos. Y los alemanes, que en muchas empresas ya implantaron la semana de 28.8 horas de trabajo, vieron su productividad aumentar en un elogiable 20%.

Esa llamada *"slow attitude"* está llamando la atención hasta de los estadounidenses, discípulos del *"fast"* (rápido) y del *"do it now!"* (¡Hágalo ya!). Por tanto, esa *"actitud sin prisa"* no significa hacer menos ni tener menor productividad. Significa sí, trabajar y hacer las cosas con "más calidad" y "más productividad", con mayor perfección, con atención a los detalles y con menos estrés.

Significa retomar los valores de la familia, de los amigos, del tiempo libre, del placer del buen ocio, y de la vida en las pequeñas comunidades. Del "aquí" presente y concreto, en contraposición contra lo "mundial" indefinido y anónimo. Significa retomar los valores esenciales del ser humano, de los pequeños placeres de lo cotidiano, de la simplicidad de vivir y convivir, y hasta de la religión y de la fe.

Significa un ambiente de trabajo menos coercitivo, más alegre, más leve y por lo tanto, más productivo, donde los seres humanos realizan, con placer, lo que mejor saben hacer.

Es saludable pensar detenidamente en todo esto.¿Será posible que los antiguos refranes: *"Paso a paso se va lejos"* y *"La prisa es enemiga de la perfección"* merezcan nuevamente nuestra atención en estos tiempos de locura desenfrenada?

¿Acaso no sería útil que las empresas de nuestra comunidad, ciudad, estado o país, empiecen ya a pensar en desarrollar programas serios de "calidad sin prisa" hasta para aumentar la productividad y calidad de los productos y servicios sin necesariamente perder "calidad del ser"?

En la película "Perfume de Mujer" hay una escena inolvidable en la que el ciego (interpretado por Al Pacino) invita a una muchacha a bailar y ella responde: *"No puedo, pues mi novio va a llegar en pocos minutos"*. A lo que el ciego responde: *"Pero es que en un momento, se vive una vida"*, y la saca a bailar un tango. El mejor momento de la película es esta escena de sólo dos o tres minutos. Muchos viven corriendo detrás del tiempo, pero sólo lo alcanzan cuando mueren, ya sea de un infarto o un accidente en la autopista por correr para llegar a tiempo.

O para otros que están tan ansiosos por vivir el futuro que se olvidan de vivir el presente, que es el único tiempo que realmente existe. Todos en el mundo tenemos tiempo por igual, pues nadie tiene ni más ni menos de 24 horas por día. La diferencia está en el empleo que cada uno hace de su tiempo. Necesitamos saber aprovechar cada momento, porque, como dijo John Lennon, *"La vida es aquello que sucede mientras planeamos el futuro"*.

Viste la idea que presentó respecto al estacionamiento de los autos; creo que a nosotros nos hace falta aprender de esta nueva cultura, ya que además de pensar en los demás, también te ayuda a hacer un poco de ejercicio al caminar un poco; ya que por lo general queremos estacionar el auto casi adentro de la tienda o del restaurante que visitamos. También notaste el concepto que ahora tienen de la comida chatarra "la comida rápida". Todo un continente está cambiando su mentalidad y está actuando de forma diferente, tú también lo puedes hacer hoy.

Caminar es excelente para tu salud, tiene un afecto positivo en tu sistema cardiovascular, y probablemente, es el mejor ejercicio para aquellas personas que han estado inactivas durante muchos años. No olvides que al asentar metas orientadas a restaurar y mantener una buena salud y un buen estado físico tendrá un impacto directo sobre tu plan global de éxito.

Autoevaluación de tu área física y de salud: ¿Dónde te encuentras hoy en cuanto a tu salud y tu condición física se refiere? La autoevaluación que encontrarás no es un sustituto de una consulta al médico. El propósito de esta autoevaluación es concientizarte acerca de la necesidad de prestar atención a tu salud.

Si durante el último año no has visitado a un médico para un chequeo general. Esta debe ser una meta A1, en esta área, al desarrollar tu plan de metas a corto plazo.

Tu familia y tu historial médico:

Sobre tus abuelos (paternos y maternos)

	Uno o más de uno padece o padeció de:	*Puntaje*
1	Diabetes	○ (1)
2	Derrame cerebral	○ (1)
3	Cáncer	○ (1)
4	Sobrepeso	○ (1)
5	Problemas respiratorios	○ (1)
6	Presion arterial alta	○ (1)
7	Problemas de drogas	○ (1)
8	Enfermedades mentales	○ (1)
9	Esclerosis múltiple	○ (1)
10	Enfermedades Venéreas	○ (1)
	Total puntos	_____

Sobre tus padres

Uno o los dos padecen o padecieron de:	Puntaje
1. Diabetes	○ (2)
2. Derrame cerebral	○ (2)
3. Cáncer	○ (2)
4. Sobrepeso	○ (2)
5. Problemas respiratorios	○ (2)
6. Presion arterial alta	○ (2)
7. Problemas de drogas	○ (2)
8. Enfermedades mentales	○ (2)
9. Esclerosis múltiple	○ (2)
10. Enfermedades Venéreas	○ (2)

Total puntos _____

Sobre tus medicamentos y tu edad

Regularmente tomas:	Puntaje
1. Pastillas anticonceptivas o medicina hormonal	○ (2)
2. Estás bajo tratamiento médico	○ (2)
3. Tienes menos de 30 años de edad	○ (0)
4. Tienes entre 31 y 49 años de edad	○ (1)
5. Tienes entre 50 y 65 años de edad	○ (2)
6. Tienes más de 65 años de edad	○ (3)

Total puntos _____

Sobre tus hábitos alimenticios

Puntaje

#		
1	Solamente comes a la hora de las comidas.	○ (0)
2	Prefieres comer frutas, y verduras.	○ (1)
3	Normalmente comes entre comidas	○ (2)
4	Cuando te da hambre, comes algo ligero como papas fritas, galletas y/o dulces	○ (3)
5	Usualmente incluyes en tus comidas: pan, pastas, harinas y refrescos (gaseosas)	○ (4)
6	Ingieres normalmente comidas de alto contenido en grasas.	○ (4)

7 Fumas
- No ○ (0)
- Pipa ○ (2)
- Menos de una cajetilla diaria ○ (2)
- Entre una y dos cajetillas diarias ○ (4)
- Más de dos cajetillas diarias ○ (8)

8 Bebes cerveza, vino u otros licores
- Nunca ○ (0)
- En contadas ocasiones pero hasta embriagarme ○ (1)
- Una o dos veces por semana con moderación ○ (1)
- Todos los días pero me controlo ○ (3)
- Todos los días hasta embriagarme ○ (5)

Total puntos _____

Sobre tu nivel de estrés

Experimentas gran cantidad de estrés *Puntaje*

1. Rara vez o muy pocas veces ○ (0)
2. En tu trabajo, pero no en tu hogar ○ (2)
3. En tu hogar, pero no en tu trabajo ○ (3)
4. En tu trabajo y en tu hogar ○ (5)
5. En casi todas tus actividades, todos los días ○ (10)

Total puntos _____

Sobre tu nivel de actividad física

Puntaje

1. Eres una persona muy activa ○ (0)
2. Eres una persona moderadamente activa ○ (3)
3. Eres inactivo, (sedentario) ○ (7)
4. Haces ejercicio casi todos los días ○ (0)
5. Haces ejercicio, de vez en cuando ○ (1)
6. Casi no practicas ejercicio ○ (3)
7. Nunca haces ejercicio ○ (6)

Total puntos _____

Calcula el puntaje de cada una de las secciones por separado. Posteriormente suma todos los puntajes parciales para obtener el puntaje total.

Primera sección: Familia e historial medico (0-70)
Segunda sección: Hábitos alimenticios (0-40)
Tercera sección: Nivel de estrés (0-20)
Cuarta sección: Nivel de actividad (0-10)
Quinta sección: Nivel de ejercicio (0-10)

Recuerda que a un mayor puntaje, hay mayores factores de riesgo; que pueden incidir en una enfermedad o en una mala condición física y de salud.

Plan de acción en tu área física y de salud

1. ¿Visitas por lo menos una vez cada seis meses a tu médico familiar, para asegurarte de que todo está bien con tu salud? Si tu respuesta es NO, escribe a continuación el nombre de tú medico y la fecha de tu próxima visita:_____
_____

2. ¿Gozas de la salud y la condición física que siempre has anhelado tener? Si tu respuesta es NO, enumera cinco malos hábitos que te impiden gozar de una salud y condición optima.
a) _____
b) _____
c) _____
d) _____
e) _____

3.- ¿Cómo piensas cambiar esa situación? Ahora enumera cinco actividades que piensas realizar a partir de HOY para cambiar esa situación. ¡Sé específico!
a) _____
b) _____

c) _____
d) _____
e) _____

4. ¿Prestas mucha atención a la clase de alimentos que consumes?

_____

5. ¿Mantienes una dieta balanceada en tu vida, cuidando de proveer a tu cuerpo todo lo necesario para un funcionamiento óptimo?

_____

6. ¿Te encuentras satisfecho con el nivel de energía que posees, o sueles estar cansado la mayor parte del tiempo? ¿Qué puedes hacer para aumentar tu nivel de energía?
a) _____
b) _____
c) _____

7. ¿Has desarrollado un programa de ejercicio físico y lo sigues con regularidad?

_____

_____

8. ¿Qué actividades puedes realizar cada día, a partir de HOY, que te ayuden a mantener un alto nivel de actividad física?
a) _____
b) _____
c) _____
d) _____
e) _____

| Mis 10 metas de salud más importantes ||
Metas	Fecha
1	
2	
3	
4	
5	
6	
7	
8	
9	
10	

Declaraciones físicas y de salud:

1. Tengo la seguridad de que Dios es mi sanador, y de que Él me ha provisto de los recursos necesarios para mantener este cuerpo que Él me regalo en las mejores condiciones físicas y de salud posibles. Ya que toda enfermedad es una maldición, yo no recibo ninguna enfermedad en mi cuerpo, ni en los miembros de mi familia.

2. Amo el estar en óptimas condiciones físicas. Todos los días conciente o inconcientemente cuido de mi cuerpo y busco mantener el balance físico necesario para mantener en óptimas condiciones a todo mi organismo. Me encanta el cuerpo que Dios me dio, y por eso lo cuido, ya que el cuerpo que tengo es parte fundamental de quien soy, y amo quien soy.

3. Siempre mantengo metas que me ayudan a mantener un estado físico óptimo. Las escribo, las leo y las pongo en práctica cada día. También poseo un plan de descanso y de alimentación específico. La salud física es muy importante para mí.

4. Como y bebo únicamente aquello que es beneficioso para mi salud física y mental. Siempre como lo necesario, nunca con exceso, ni con demasiada frugalidad, ya que la alimentación es básica para un estado óptimo de salud. Como para vivir; pero no vivo para comer.

5. Ejercito mi cuerpo cada día, y disfruto haciéndolo. Porque el ejercicio corporal provee muchos beneficios que redundan en una óptima condición física y en un estado inmejorable de salud.

6. Siempre mantengo mi peso ideal, según la edad, y la altura que poseo. Por eso mantengo un balance diario entre mi dieta alimenticia y mi ejercicio. ¡Luzco bien, me veo bien, y me siento bien! Por eso me encanta tener el peso ideal. He elegido tener la suficiente energía cada día y estar siempre saludable.

7. Me siento muy feliz de no tener ninguna enfermedad, ya que como hijo de Dios, no es parte de mi herencia, y porque cada día cuido el único cuerpo que Dios me dio.

8. Soy feliz, porque no soy un fumador, ni un bebedor. Mis pulmones están fuertes y muy sanos, por eso respiro con gran facilidad. Me encuentro en control de mi vida y mis acciones. He decidido vivir una vida libre de malos hábitos, para así mantenerme siempre saludable.

9. Declaro, que ninguna de las enfermedades que alguno de mis abuelos o ancestros tienen o tuvieron, me alcanzarán y erradico de todas mis generaciones, todas la enfermedades, a partir de ahora, ninguna enfermedad tocará a nuestras vidas en todos los miembros de nuestra familia.

10. He aprendido a verme siempre saludable, en perfecto estado físico y por sobre todo muy feliz. No dejo que el estrés o las preocupaciones afecten mi salud. Esto me permite mantenerme con un alto nivel energético y mantener mucho entusiasmo por todo lo que hago.

C 11

El Área Intelectual

No es suficiente poseer una buena mente, lo principal es saber usarla bien. Al igual que los músculos, la mente se atrofia y se endurece si no es ejercitada frecuentemente. Es más, se ha comprobado que el cerebro mismo se fortalece cuando es usado regularmente.

El mayor interés del área intelectual es precisamente desarrollar todos aquellos aspectos que eleven y expandan tu intelecto. La autosuperación envuelve el uso total de los talentos, capacidades y potencial que existe dentro de cada uno de nosotros. Maslow escribía: *"Yo concibo a la persona que constantemente busca auto superarse, no como una persona ordinaria con algo agregado a su ser; sino como una persona ordinaria a la cual nada se le ha quitado. La persona promedio es simplemente una persona completa e íntegra que posee cualidades y poderes cohibidos."* En otras palabras, cuando crecemos intelectualmente y logramos superarnos, no estamos adquiriendo algo que antes no poseíamos. Lo que sucede en verdad, es que es entonces cuando realmente comenzamos a usar el potencial que ya poseemos, que ya se encuentra dentro de nosotros, y que hasta entonces reposaba en nuestro subconsciente sin ser utilizado.

En su teoría sobre la motivación humana, Abraham Maslow se refiere a la necesidad de la autosuperación como a la más alta de las motivaciones humanas. Lo explica de la siguiente manera: *"Es fundamental para el pintor seguir pintando, para el escritor continuar escribiendo; y para cualquier profesional actualizar y expandir sus conocimientos"*.

Son dos razones principales por la cual se presta poca atención a la tarea de fijar metas que nos ayuden a desarrollar nuestro intelecto en el área creativa: La primera es que la creatividad es una de esas capacidades mentales, que erróneamente, suele ser concebida como una actitud innata que tenemos la suerte de poseer, o la desgracia de no haberla heredado. La creatividad es algo que podemos desarrollar a cualquier edad. La creatividad es más que la capacidad de producir algo nuevo, algo que no existía antes. Curiosamente, y al igual que las demás facultades mentales, la creatividad abunda durante la juventud, y en algunos individuos disminuye con el paso del tiempo. Esta disminución de la capacidad creadora generalmente suele ser el resultado de la falta de ejercitarla con regularidad. Lo mismo sucede con la memoria, si no la usas se atrofia; y es entonces cuando comienzas a decir: "Es que yo no tengo buena memoria". Lo que pasa es que no la has ejercitado lo suficiente, pero tú puedes expandir tu capacidad de memorización, lo mismo te va a suceder si adquieres el hábito de la lectura, tu comprensión se va ejercitar, y además vas a leer con más rapidez.

La segunda razón es que, por desgracia, la creatividad, y ahora la lectura y el ejercicio de memorización, ya no es cultivada en la gran mayoría de los centros educativos. Ni aun en las iglesias. Por ejemplo hace algunas dos décadas, en las iglesias se cantaban con himnarios, pero la mayoría de los feligreses se aprendían de memoria cada una de las alabanzas. Ahora en cada iglesia usan proyectores, así es que ya no es necesario ejercitar la memoria, solo hay que saber leer. Estamos viviendo un abismo generacional entre el habito de la lectura, muy pocos jóvenes hoy en día la practican, y es necesario expandir nuestros conocimientos y nuestro acervo cultural a través de la buena lectura de buenos libros.

Es triste ver cómo gran parte de los sueños que teníamos cuando éramos pequeños parecen desaparecer a medida que crecemos y pasan los años. No dejes que esos sueños se mueran: pintar un cuadro, escribir un libro, aprender a tocar un instrumento musical. Fija metas para revitalizar esos intereses perdidos. Lo único que necesitas es tomar la decisión.

Autoevaluación en tu área intelectual: A continuación

te menciono algunas actividades que estimulan el desarrollo de área intelectual. Marca solamente aquellas actividades que si realizas regularmente:

Evaluación acerca de tu intelecto

		Puntaje
1	Leo parte de un buen libro todos los días	(1)
2	Dedico cada semana un tiempo a la pintura y a la escritura	(1)
3	Durante los últimos tres meses he asistido a una función de teatro, ópera o a un concierto	(1)
4	He visitado por lo menos dos museos o salas de exposición de arte en los últimos seis meses	(1)
5	Adquiero por lo menos un libro cada mes	(1)
6	Visito seguido la Biblioteca Pública, para aumentar mi acervo cultural	(1)
7	Por lo menos una vez al año participo en cursos de superación personal y de crecimiento.	(1)
8	En este año he visitado varios sitios históricos.	(1)
9	He escrito un ensayo, historia, poesía o cuento	(1)
10	Leo revistas de carácter científico, literario, cultural y empresarial	(1)
11	He participado en obras de teatro o en grupos musicales durante el último año.	(1)
12	Suelo participar en eventos culturales y sociales de mi comunidad y/o mi ciudad.	(1)
13	Suelo resolver crucigramas, armar rompecabezas o jugar ajedrez	(1)
	Total puntos	

Si has sumado menos de cinco puntos, tienes un área intelectual muy descuidada. Revisa tu lista y determina cual de los puntos que no marcaste puedes incluir en tus metas intelectuales. De seis a diez puntos, estás muy bien, pero quizás necesitas comenzar a introducir nuevas variantes a tu área de crecimiento intelectual. Aventúrate en campos nuevos. Si sumaste más de 10 puntos, continua como vas. Es hora de compartir tu riqueza con otras personas que conozcas.

Como te habrás dado cuenta el desarrollo intelectual, no necesariamente es tu coeficiente intelectual. Por ejemplo Rembrandt tenía un CI menor de 110. Curiosamente Bill Gates, no se gradúo de la Universidad, sino que la abandonó en la persecución de su sueño. El no inventó la computadora personal. Pero el inventor de la computadora no le vio mucho futuro a su idea y volvió a su trabajo como archivista en un departamento médico.

Emerson advertía acerca de no rechazar nuestras propias ideas por el simple hecho de ser nuestras. Y que todos debemos aprender a detectar todas aquellas ideas que como rayos de luz nacen en el interior de nuestras mentes. Si no la hacemos, corremos el peligro de que el día de mañana; un perfecto extraño presente con mucha convicción y orgullo, la misma idea que nosotros ya veníamos acariciando por algún tiempo, y entonces nos veremos en la penosa necesidad de escuchar nuestras propias ideas en boca de otra persona.

Cuando hablo de que desarrolles tu área intelectual, me estoy refiriendo a que cultives tu mente subconsciente. Recuerda que tú eres quien eres y te encuentras en donde estás; como resultado de todo aquellos que ha tenido cabida en tu mente.

Para eso es sumamente importante que adquieras el hábito de la lectura. Los grandes triunfadores han sido, en su gran mayoría, grandes lectores. Fíjate la meta de leer por lo menos 30 minutos diarios de un buen libro. Este hábito te va a traer más adelante grandes dividendos en tu camino.

La memorización y el poder de concentración (ponerte una meta por delante) constituyen dos habilidades intelectuales que pueden ser revitalizadas y fortalecidas con su uso, pero pueden atrofiarse si dejas de utilizarlas.

William James, considerado el padre de la sicología de Estados Unidos, solía decir: *"El poder para mover al mundo se encuentra dentro de la mente subconsciente"* Es increíble, pero existen más conexiones entre las neuronas del cerebro de una sola persona, que en todos los sistemas telefónicos del mundo puestos juntos. Eso quiere decir que entre oreja y oreja tienes una de las máquinas más poderosas del mundo.

Toda actitud, creencia o sentimiento que mantengas en tu subconsciente, suele manifestarse en tu mundo exterior tarde o temprano. Las acciones y ocurrencias externas suelen ser consecuencia directa de las acciones y ocurrencias internas.

Por tal razón una de tus metas intelectuales debe ser, la

erradicación de emociones negativas como: los temores, las preocupaciones, las dudas, el enojo, la ira, el resentimiento, la amargura, la congoja de espíritu, las venganzas y los miedos entre otras. Son emociones negativas que intoxican tu subconsciente, destruyen tu creatividad y limitan el uso de tu verdadero potencial.

Recuerda que tu mente subconsciente no puede protegerse de los pensamientos negativos que se encuentren en tu conciente o cualquier otro tipo de negativismo al cual te expongas todos los días. Tu actitud mental está forjada por todo aquello en lo que piensas constantemente y todas las ideas a las cuales te expones. Y si son negativos todos estos mensajes arruinarán tu autoconfianza, tu autoestima y tu coraje para actuar, y suelen desviarte o detenerte para no alcanzar tus sueños.

Esta es una parte fundamental en el logro de cada uno de tus sueños, ¿De qué alimentas tu mente? ¿Qué es lo que influye en tus acciones? No es lo exterior, sino lo que tienes en tu interior, debes fijarte bien de lo que lees en las revistas, periódicos, y todo lo que miras en la televisión, porque todo eso está alimentando tu mente subconsciente, tu área intelectual, y tarde o temprano se va a manifestar en tu vida conciente.

En su libro el poder de la mente subconsciente, el doctor Joseph Murphy se refiere a la mente subconsciente como a un jardín y a ti como al jardinero. Todos los días tú plantas en tu mente subconsciente en forma de pensamientos; y eso precisamente cosecharás en forma de resultados.

Según algunos estudios el 85% del dialogo interno es en forma negativa y eso es totalmente contraproducente en el propósito de alcanzar nuestros sueños.

Plan de acción en tu área intelectual:

1. Enumera cinco cosas que hoy no realizas (o que lo haces muy poco), que a partir de ahora vas a incorporar entre tus nuevos hábitos, para expandir tu crecimiento y desarrollo intelectual:

a) _____
b) _____
c) _____
d) _____
e) _____

2. Escribe a continuación una lista de los próximos tres libros que vas a leer ¡Compra el primero!

a) _____
b) _____
c) _____

3. ¿Refleja tu vida actual, las verdaderas intenciones de desarrollo intelectual que tienes? Qué actividades vas a eliminar para estar más coherente con tus valores intelectuales. Comienza hoy mismo.

a) _____
b) _____
c) _____

4. ¿Te relacionas con personas que te estimulan en tu crecimiento intelectual y el desarrollo de nuevas habilidades? Si tu respuesta es no. Menciona a continuación tres actividades que vas a comenzar a hacer para relacionarte:

a) _____
b) _____
c) _____

5. ¿Buscas realizar actividades nuevas que te reten en tu área intelectual? Si respondiste que no, a continuación enumera tres actividades nuevas que vas a comenzar a realizar:

a) _____
b) _____
c) _____

Mis 10 metas intelectuales más importantes

	Metas	Fecha
1		
2		
3		
4		
5		
6		
7		
8		
9		
10		

Declaraciones Intelectuales:

1. Yo soy lo que pienso. Por eso lleno mi mente de pensamientos honestos, productivos y coherentes con mis hábitos, principios y valores de crecimiento intelectual. Sólo doy albergue en mi mente a los buenos pensamientos.

2. Disfruto la lectura, por eso cada mes adquiero un buen libro, porque de esa forma alimento mi acervo cultural, y mis conocimientos en todas las áreas del saber.

3. Me gozo estudiando la Biblia, la Palabra de Dios, porque es el medio a través del cual puedo obtener sabiduría, doctrina y conocer la prudencia. Además de la inteligencia y la cordura. Es un alimento intelectual que produce la vida eterna.

4. Uso óptimamente mis capacidades intelectuales. Mantengo todas mis capacidades mentales en óptimas condiciones, y cada día me esfuerzo en mejorar y agudizar mis capacidades mentales.

5. Poseo grandes cualidades mentales e intelectuales. Tengo muchos talentos, destrezas y habilidades dentro de mi, que el Creador puso en mi ser interior aún desde antes de ser formado. Soy inteligente, sabio, creativo, mi mente es rápida, alerta y vivaz; además de ser limpia y buena.

6. Poseo una excelente memoria. Recuerdo nombres, datos y fechas importantes con gran facilidad. Mi memoria es una de mis mejores aliadas para recordar y programar todas mis metas para así lograr alcanzar cada uno de mis sueños.

7. La creatividad es parte de mi capacidad mental, y yo puedo desarrollar el máximo potencial de mi capacidad creativa, que me fue heredada por mi Dios.

8. Tengo la capacidad mental necesaria para iniciar un nuevo conocimiento, una nueva carrera universitaria o el aprendizaje de nuevas aptitudes, oficios o profesiones. Dios me creó con un el Coeficiente Intelectual necesario para hacerlo.

Nota importante: En cada una de las secciones de afirmaciones, tú puedes poner todas las demás que consideres necesarias, eso es parte de tu ejercicio intelectual y mental para alcanzar cada uno de tus sueños.

El Área Profesional

Sólo aquellas personas que han entendido que su educación y crecimiento profesional requieren de un compromiso constante lograrán sobrevivir en la era de la información y el cambio.

Todo está cambiando aceleradamente, y tenemos que aprender a adaptarnos a los nuevos cambios constantes de nuestro entorno, persona, familia y trabajo. En su libro: "Quien se ha llevado mi queso" Spencer Johnson nos narra un cuento a manera de fábula sobre la necesidad de adaptarnos lo más pronto que podamos al cambio. Nos motiva a no quedarnos lamentándonos porque las cosas ya no son como antes, o porque las cosas no salieron como pensábamos.

En este tiempo que estamos viviendo es una época, en la que poseer el conocimiento y la información correcta en el momento oportuno, y tomar acción inmediata, determinan, en gran medida el éxito personal y profesional. Tú eres el único que puede tomar las medidas necesarias y las acciones especificas para nunca convertirte en un profesional obsoleto. Tú eres el único que puede cambiar tu campo de acción profesional en lugar de quejarte de la situación, de la falta de oportunidades, de cuánto odias lo que haces. Ya que trabajar en un área profesional en que no te sientes realizado, es una de las cosas más frustrante que puedes estar haciendo en tu vida. Tu profesión, oficio o actividad laboral es algo que siempre debe producirte satisfacciones, ponerte retos y alcanzar tus sueños.

Erick Erickson, sicólogo estadounidense de ascendencia alemana dijo: *"Todo ser humano pasa por ocho diferentes etapas en el proceso de su vida; pero que al pasar de una etapa a otra, se hace acompañado de una crisis; la cual va acompañada de depresión y ansiedad, así como satisfacciones, ya que es dejar algo seguro, por algo incierto y desconocido. El cambio es lo único que se mantiene constante".*

¿Quién se ha llevado mi queso? Es un cuento sobre el cambio que tiene lugar en un laberinto donde cuatro divertidos personajes buscan «queso». El queso es una metáfora de lo que uno quiere tener en la vida, ya sea un trabajo, una relación amorosa, dinero, una gran casa, libertad, salud, reconocimiento, paz interior, o incluso una actividad como correr o jugar al golf.

Cada uno de nosotros tiene su propia idea de lo que es el queso, y va tras él porque cree que la hace feliz. Si lo consigue, casi siempre se encariña con él. Y si lo pierde o se lo quitan, la experiencia suele resultar traumática.

En el cuento, el "laberinto" representa el lugar donde pasas el tiempo en busca de lo que deseas. Puede ser la organización en la que trabajas, la comunidad en la que vives o las relaciones que mantienes en tu vida.

Los intereses de tu área profesional van, desde realizar los objetivos y actividades de tu trabajo de la manera más efectiva, hasta materializar aquellas metas que te traigan satisfacción en tu empresa, tu trabajo u oficio, buscando siempre identificar aquellas oportunidades que te permitan desarrollar o adquirir nuevas habilidades profesionales.

Si bien es cierto que en estas dos últimas décadas estuvieron marcadas por una inmensa sobrepreocupación por las metas profesionales, debido en gran parte a los grandes avances tecnológicos y el incremento en la competividad empresarial y profesional a nivel mundial. Es igualmente importante dejarle saber a tu área profesional; que no es el único aspecto importante de tu vida, y que realizarte en esa área no es el único de tus sueños que quieres alcanzar. La lección que aquí debes aprender es la de no premitir que tu plan de sueños únicamente se encuentre saturado de metas profesionales.

Una de tus primeras metas profesionales debe ser la de establecer objetivos para desarrollar tu propio programa de educación y actualización profesional de manera que puedas estar siempre a la vanguardia en todo lo referente a tu profesión u oficio. Es fundamental mantenerte bien informado y capacitado si deseas aventajar a la competencia.

Muchos consideran que cuando se gradúan de una carrera profesional (Educación Superior) Han terminado su capacitación y tienden a olvidarse de esta área. No se preocupan por mantenerse al tanto de los últimos adelantos profesionales; y como consecuencia en pocos años sus conocimientos son obsoletos y por ende no tienen capacidad para competir con las nuevas generaciones de profesionales. También se han olvidado a veces de las demandas o lo que esperan de él en su área profesional:

Lo que se espera de un profesionista / líder
Ayuda mutua – Trabajo en equipo
Co – corresponsabilidad
Definición de funciones
Organización y creación de sistemas
Integridad
Delegación
Compartir

Para lograr esos objetivos, es necesario que como profesional en tu área, mantengas una alta creatividad, y para eso se hace necesario estar actualizado. La creatividad es: *"La capacidad de producir algo nuevo y valioso, encontrar nuevos caminos y formas de ser y hacer las cosas, y de adaptarse a los cambios. Es encausar las frustraciones, agresividad y destructividad, creando una serie de alternativas que nos lleven a la superación. También conlleva un análisis constante que considera las fortalezas y limitaciones, sin perder de vista los alcances, tiempo, amenazas y presentación de opciones."*

Se espera que en tu área profesional, seas alguien que rompa los paradigmas. Y para eso necesitas deshacerte de los inhibidores como el egoísmo, los temores, los miedos, las rutinas, obsesiones e incomprensiones, por mencionar algunas, y por otro lado debes fomentar: La imaginación, la percepción, la intuición, la tenacidad y persistencia, la independencia, el anhelo de superación, para entonces crear una serie de alternativas que te lleven a la realización de tus sueños.

Cuando hablamos de Superación Personal y Profesional, nos referimos principalmente al deseo de ser cada día mejores. Existen infinidad de formas, teorías y métodos para lograrlo y sin lugar a dudas el mejor es aquel que le funciona a cada quien. Estos pueden ir desde nuestras experiencias acumuladas, conferencias, talleres, seminarios, incluyendo algunas ramas de la psicología, psicoterapia, recursos humanos, el deporte, la literatura, la música, desarrollo espiritual.

La Superación Profesional es un proceso y no un sólo evento, el cual durará mientras estemos dispuestos a seguir cambiando, y si tomamos en cuenta que lo único permanente es el cambio, podemos decir que la Superación es permanente.

Cualidades de un Profesionista de alto desempeño
Disciplina
Liderazgo
Creatividad
Metas bien definidas
Enfocado en resultados
Tienen como meta prosperar económicamente

Para lograr obtener esas cualidades se hace necesario subir la escalera de la Autoestima, que inicia con el autoconocimiento, sigue con la autoevaluación, continúa con la autoaceptación, y pasa por el autorrespeto.

Una persona de autoestima vive, comparte e invita a la integridad, honestidad, responsabilidad, comprensión. Tienen fe en sus propias decisiones y está dispuesta a aquilatar y a respetar el valor de los demás. *"Nada beneficia más al hombre que su autoestima"* **John Milton**. Porque la autoestima es: *"La valoración y percepción emocional profunda que tienen los individuos de sí mismos; con respecto a su interacción con su medio ambiente y entorno social, el cual es modificable y adaptable a etapas y situaciones de la vida"*. Para alcanzar tus sueños en esta y en todas las demás áreas de tu vida, se hace necesario tener una buena autoestima, esto es fundamental. Pero como dice la definición, si todavía no la tienes (la tienes muy baja o demasiado alta que te lleva a la soberbia y el orgullo) la puedes obtener porque es algo que es modificable y adaptable.

Una persona con una buena autoestima (Una autoestima en equilibrio) tiene las siguientes características: "Mucho ánimo, satisfacción total, felicidad, disfrutan genuina y totalmente de un ascenso, de un aumento de sueldo, de una nueva contratación, al resolver algún problema difícil; además de que interactúan y participan con agrado en todas sus actividades, funciones y roles".

Investigaciones realizadas por la universidad de Harvard, la fundación Carnegie y el Stanford Research Institute han demostrado que sólo el 15% de las razones por las cuales una persona sale adelante en su campo, se relacionan con sus habilidades y conocimientos técnicos. El 85% de las razones por las cuales las personas logran salir adelante, y triunfan personal y profesionalmente se relacionan con su actitud, su nivel de motivación y su capacidad para desarrollar relaciones positivas con las demás personas.

La responsabilidad de adquirir dichas actitudes y destrezas recae solamente en ti. Está en tus manos el desarrollar un sistema que te permita trabajar en mejorar tu actitud, desarrollar un alto nivel de motivación y adquirir la capacidad de relacionarte positivamente con las demás personas.

El estadounidense Reynaldo Ordóñez definió actitud como un estado de disposición nerviosa y mental, organizado mediante la experiencia, que ejerce un influjo dinámico u orientador sobre las respuestas que un individuo da a todos los objetos y situaciones con los que guarda relación. En este sentido, puede considerarse la actitud como cierta forma de motivación social -de carácter, por tanto, secundario, frente a la motivación biológica, de tipo primario- que impulsa y orienta la acción hacia determinados objetivos y metas. Eiser define la actitud de la siguiente forma: predisposición aprendida a responder de un modo consistente a un objeto social.

En la Psicología Social, las actitudes constituyen valiosos elementos para la predicción de conductas. Para el mismo autor, la actitud se refiere a un sentimiento a favor o en contra de de un objeto social, el cual puede ser una persona, un hecho social, o cualquier producto de la actividad humana.

Basándose en diversas definiciones de actitudes, Rodríguez definió la actitud como una organización duradera de creencias y cogniciones en general, dotada de una carga afectiva a favor o en contra de un objeto definido, que predispone a una acción coherente con las cogniciones y afectos relativos a dicho objeto. Las actitudes son consideradas variables intercurrentes, al no ser observables pero directamente sujetas a inferencias observables.

Rodríguez distingue tres componentes de las actitudes:

• Componente cognoscitivo: para que exista una actitud, es necesario que exista también una representación cognoscitiva del objeto. Está formado por las percepciones y creencias hacia un objeto, así como por la información que tenemos sobre un objeto. En este caso se habla de modelos actitudinales de expectativa por valor, sobre todo en referencia a los estudios de Fishbein y Ajzen. Los objetos no conocidos o sobre los que no se posee información no pueden generar actitudes. La representación cognoscitiva puede ser vaga o errónea, en el primer caso el afecto relacionado con el objeto tenderá a ser poco intenso; cuando sea errónea no afectará para nada a la intensidad del afecto.

• Componente afectivo: es el sentimiento en favor o en contra de un objeto social. Es el componente más característico de las actitudes. Aquí radica la diferencia principal con las creencias y las opiniones - que se caracterizan por su componente cognoscitivo -.

• Componente conductual: es la tendencia a reaccionar hacia los objetos de una determinada manera. Es el componente activo de la actitud. Sobre este componente y la relación entre actitud-conducta y las variables que están interviniendo girará nuestra investigación.

Para explicar la relación entre actitud y conducta, Fishbein y Ajzen, (1980, citado en Rodríguez) han desarrollado una teoría general del comportamiento, que integra un grupo de variables que se encuentran relacionadas con la toma de decisiones a nivel conductual, ha sido llamada Teoría de la Acción Razonada. (Funciones de actitud).

La psicología social distingue un estudio de la

estructura intra- aptitudinal de la actitud, para identificar la estructura interna, de un estudio de la estructura inter aptitudinal, para buscar diferencias y similitudes entre mapas donde confluyen más actitudes.

Como puedes darte cuenta hay dos tipos de actitudes; la positiva y la negativa y esas actitudes son aprendidas de nuestro entorno y de todo aquello a lo que exponemos nuestra mente y cual es la fuente de nuestros conocimientos.

La actitud positiva es la actitud mental adecuada en cualquier situación ayudándonos a resolver los problemas que puedan aparecer en nuestro camino. Una actitud positiva ante la vida nos ayudará a tener siempre una visión mucho más optimista de la vida.

La actitud que tomas frente a los problemas o sucesos que se te presentan cotidianamente es finalmente la que determina la dimensión e importancia de los mismos. Recuerda que hay dos formas de ver el vaso: medio lleno y puedes alegrarte al observar la mitad llena o puedes preocuparte por la mitad vacía. Esto no es ni más ni menos que una cuestión de dos actitudes antagónicas: la positiva y la negativa. Sin dejar de ser realista o soñador, puedes transformarte en una persona más positiva y creativa para vivir las circunstancias de una manera menos traumática y más relajada.

Por eso, para dejar de ver todo negro y cultivar una verdadera "actitud positiva", se han propuesto 10 reglas de oro que, si se siguen al pie de la letra, harán de ti una nueva persona:

1) Relájate y respira profundo. Si algo te salió mal o te sientes un poco depresivo, lo mejor que puedes hacer es distenderte y concentrarte en la respiración. Se ha comprobado que los métodos de relajación ayudan a deshacerse de los pensamientos negativos, favorecen el control de las emociones y purifican el cuerpo. Ora y busca el consejo de Dios.

2) Haz lo que piensas. Si piensas una cosa y terminas haciendo otra totalmente diferente, te sentirás inconforme contigo mismo. Trata de evitar las conductas contradictorias, sobre todo si no quieres que te invada un profundo sentimiento de fracaso existencial.

3) Aprende a ver el lado positivo de las cosas. Debes aprender que en la vida no todos los momentos son buenos, hay algunos peores que otros e incluso algunos son indeseables. La clave está en aceptar los hechos que son irremediables sin ningún tipo de frustración o enojo desmedido. Una reacción emotiva descontrolada o negativa para afrontar un momento duro en la vida es una clara muestra de debilidad y fracaso. Al contrario, la serenidad, el autocontrol y la visión positiva de las cosas son las mejores armas para enfrentar con éxito lo que te toca vivir.

4) Evita las comparaciones. Para cultivar una actitud positiva nada mejor que ser uno mismo. Tanto las comparaciones como las idealizaciones de cómo deberías ser tú y de cómo deberían ser las cosas, son muy perjudiciales para tu salud mental y tu autoestima. La frustración y la envidia que se genera al ver en otros lo que uno quiere ser son pensamientos altamente negativos que debes aprender a controlar para evitar sentirte deprimido. Lo mejor es aceptarte tal cual eres y tratar de cambiar aquellas cosas que te molestan de ti mismo, pero dejando de lado las comparaciones, pues cada persona es única.

5) *Vive el presente.* Si piensas continuamente en lo que debes o puedes hacer en el futuro te pierdes de vivir el presente. Además este tipo de pensamientos alimentan la ansiedad y las preocupaciones y no te permiten disfrutar de los pequeños momentos que te da la vida. Para dejar de divagar y angustiarte por lo que todavía no sucedió, nada mejor que centrar todos tus sentidos en el aquí y ahora, sin dejar de lado los sueños y los proyectos.

6) *Olvídate de los detalles.* La obsesión por la perfección sólo puede conducirte a la desilusión. Pues no todo es tan perfecto como siempre pretendes que sea, la vida está llena de pequeños detalles que la hacen encantadora y única. Si deseas que todo esté de acuerdo a tu esquema de valores te pasarás todo el tiempo tratando de acomodar esos detalles para que se vean perfectos, pero le quitará el sabor de disfrutar las cosas tal cual se presentan. Busca un equilibrio y deja de lado el exceso de perfeccionismo, te sentirás mejor.

7) *Mueve el cuerpo.* Pasa cuanto antes a la acción y permítele al cuerpo moverse con total libertad. Practica un deporte, haz alguna actividad física, recrea tu mente a través del baile o de un paseo por el parque. De esta forma elevas tus niveles de adrenalina y serotonina aumentando el optimismo y desechando los pensamientos negativos.

8) *Cuida tu imagen.* Verse bien es una manera de sentirse bien. El cuidado personal te hará sentir más renovado y te ayudará a romper el círculo cerrado del pesimismo. Intenta cambiar de imagen regularmente y no dudes en arreglarte cada vez que sales de tu casa. Asimismo evita el encierro, esto te obligará a modificar tu aspecto.

9) *Presta atención a los demás.* Creerte el centro del universo sólo alimentará las obsesiones que tienen por ti mismo. Poco a poco, comienza a centrarte en los demás y recuerda que ayudar al prójimo puede ayudarte a sentirte mejor y más positivo. Los problemas de los otros pueden hacerte tomar conciencia de que no todo lo que te pasa es tan grave.

10) *Duerme plácidamente.* Acostúmbrate a mejorar tu calidad de sueño. Dormir bien es una excelente manera de mejorar tu estado de ánimo durante el día. Recuerda que un mal descanso incide directamente en tu humor, te hace sentir cansado e irritable, y sobre todo no te ayuda a cambiar la actitud.

Desarrollando un programa de crecimiento profesional.

Invierte en tu propio desarrollo personal y profesional: Es bueno invertir por lo menos un 3% de tus ingresos en tu desarrollo profesional y personal. Invierte en buenos libros, revistas, audios y seminarios. La persona que no está dispuesta a invertir en sí misma, está invirtiendo en su fracaso. Necesitas invertir en tu educación personal, y en tu formación profesional.

Lee por lo menos 30 minutos diarios en lo relacionado a tu área profesional: Una hora de lectura diaria, representa un libro entero en dos semanas, veinticinco libros al año, doscientos cincuenta en diez años. En un mundo donde el profesional promedio lee menos de un libro por año; quiere decir que si tú lees una hora diaria, te va a hacer un experto en tu área profesional o laboral en un promedio de tres años. Puedes llegar a ser un experto nacional en cinco años e internacional en siete años. Recuerda que todo lo que ha encontrado cabida en tu mente es lo que ha moldeado la persona que eres hoy.

En este momento en que estamos en la era de la información, y en donde es fácil accesar a los conocimientos; el ser reconocido como erudito o experto en tu área profesional o laboral, puede ser el principio de la realización de muchas de tus metas profesionales.

Lee buenos libros, y personalízalos, toma notas, siéntate con marcadores y lapiceros y cuaderno, no sólo lees, sino que estudias, meditas y pones en práctica lo que los expertos dicen en el área que tú estas estudiando. El libro bien leído es aquel que es devorado, subrayado, termina casi destruido, y elimina la lectura innecesaria y sobre todo que no es edificante.

Escucha audio casetes de superación personal

y profesional: de seminarios, cursos y conferencias que sean motivacionales, o que sean especializados en tu área profesional. Hazlo cuando te encuentres haciendo otras actividades, como cuando haces ejercicio o cuando manejas tu automóvil, o cuando te trasladas a tu trabajo en transporte colectivo. ¿Sabías que la persona que conduce todos los días a su trabajo o se traslada por algún otro medio hacia él, emplea un promedio de quinientas a mil horas al año? ¿Sabías que esto equivale a entre tres a seis meses de trabajo, contando semanas laborales de 40 horas? Y ¿Sabías, que puede ser uno o dos semestres de estudios universitarios, que tú puedes realizar mientras te trasladas a tu lugar de trabajo?

Un audio casete es el resultado de muchos años de experiencia, de una investigación de 10 años o más y de trabajo arduo de parte del autor, que está a tu completa disposición en un periodo corto de una a dos semanas, y que puede formar parte de tu acervo de conocimientos en tu área profesional. Adquieres sabiduría y conocimientos de la experiencia de otras personas. Eso quiere decir que estás administrando efectivamente tu tiempo y que además te va a producir grandes dividendos. Los audiolibros, deben formar parte obligada de tu educación profesional.

Asiste a seminarios y conferencias que contribuyan a tu desarrollo profesional y personal: Es un hecho indiscutible que tan pronto como te gradúes de la universidad; debes comenzar a buscar tu primer curso de actualización. A esto es lo que llamo yo: "Espíritu de Discípulo". Jamás puedes dejar de seguir aprendiendo. El día que consideres que ya lo sabes todo; o que ya eres experto y que no necesitas continuar adquiriendo conocimientos y sabiduría, es el mismo momento en que empiezas a descender hacia tu propio fracaso.

Estos seminarios cumplen varias funciones, entre otras; te ponen al tanto de los últimos avances en tu campo profesional, te actualizan; además de asociarte con personas que, buscan al igual que tú la superación y la actualización. Por último este tipo de eventos, logra restaurar y mantener en ti, un alto nivel de motivación y una alta actitud positiva.

Autoevaluación en tu área profesional. Hoy más que nunca es importante entender que nuestro éxito profesional no es el resultado de la suerte, el destino o la coincidencia, sino que es simplemente la consecuencia lógica de un plan preconcebido. Lo cierto es que, inclusive en esta época de incertidumbre y constantes cambios, tú tienes más poder sobre tu destino profesional que el que hasta ahora has creído tener.

Dónde te encuentras profesionalmente:

Evaluación acerca de tu profesión

Puntaje

1. ¿Cambiarías alguna o varias de las experiencias laborales que has desarrollado hasta ahora?
   - ○ Sí (10)
   - ○ No (0)

2. ¿Te han asignado a proyectos importantes, que hacen relucir tus cualidades y habilidades?
   - ○ Sí (10)
   - ○ No (0)

3. ¿No estás adquiriendo nuevas habilidades y conocimientos?
   - ○ Sí (10)
   - ○ No (0)

4. ¿Te sientes muy estresado, deprimido, cansado y angustiado, que has experimentado desórdenes en tu sueño o en tus hábitos alimenticios?
   - ○ Sí (10)
   - ○ No (0)

5. ¿Eres estimado por tus superiores y compañeros de trabajo?
   - ○ Sí (10)
   - ○ No (0)

6. ¿Posees los conocimientos y habilidades necesarias para crecer, avanzar o aspirar a un ascenso en tu puesto de trabajo?
   - ○ Sí (10)
   - ○ No (0)

7. ¿Si hoy te ascendieran, tienes a la persona capacitada para que pueda ocupar tu posición?
   - ○ Sí (10)
   - ○ No (0)

8. ¿Se ha congelado tu sueldo desde hace más de un año?
   - ○ Sí (10)
   - ○ No (0)

9. ¿Hay posibilidades de un ascenso o aumento?
   - ○ Sí (10)
   - ○ No (0)

10. ¿Consideras que ahora sería más difícil encontrar un mejor trabajo que el que tienes hoy?
    - ○ Sí (10)
    - ○ No (0)

Total puntos _____

Si has sumado 60 puntos o más, las posibilidades de un próximo ascenso o aumento de sueldo son excelentes. Estás en el camino correcto; y desempeñando la profesión, oficio o actividad más pertinente para ti.

Si tu puntaje es 50 o menos, cierra este libro inmediatamente, busca tu hoja de vida "curriculum vitae" y comienza a buscar nuevas oportunidades de trabajo en otro lugar. O cambia tus actitudes, capacítate, supérate y haz tu mejor esfuerzo en el lugar en que te encuentres.

Plan de acción en tu área Profesional:

1. Escribe específicamente uno de tus sueños que deseas alcanzar como parte de tu formación profesional:
_____
_____

2. Menciona a continuación lo que estás haciendo para desarrollar tus metas en el área profesional de una forma prioritaria:
a) _____
b) _____
c) _____

3) ¿Qué actividades que desarrollas ahora te están robando tu tiempo, para no dar la prioridad suficiente a tus sueños profesionales? (dichas actividades necesitas eliminarlas definitivamente):
a) _____
b) _____
c) _____

4. Enumera cinco nuevas actividades que vas a incorporar

a partir de hoy, para lograr realizar cada uno de tus sueños profesionales:

a) _____
b) _____
c) _____
d) _____
e) _____

5. ¿Estás informado y actualizado de los avances y descubrimientos en tu profesión?

_____

6. ¿Estás invirtiendo en tu capacitación y actualización profesional? Menciona a continuación por lo menos dos libros que vas a comenzar a leer y un seminario en el que vas a participar:

a) _____
b) _____
c) _____

7. ¿Consideras necesario cambiar de profesión, oficio o trabajo? enumera a continuación tres diferentes profesiones u oficios que te gustaría aprender, escríbelas en orden de prioridades?

a) _____
b) _____
c) _____

8. ¿Qué diplomado, qué nueva carrera o especialización necesitas comenzar a estudiar? Esta puede ser una de tus metas a mediano o a largo plazo:

a) _____
b) _____

Mis 10 metas profesionales más importantes

	Metas	Fecha
1		
2		
3		
4		
5		
6		
7		
8		
9		
10		

Declaraciones Profesionales:

1. Soy un profesional que ama su trabajo. Que está comprometido con su profesión y con todas las demás áreas de su vida.

2. Estoy comprometido en un 100% con la realización de mis metas y objetivos profesionales.

3. Tengo todos los talentos y aptitudes (todos dados por Dios y desarrollados con la practica) para cumplir con mis responsabilidades en el área profesional que desempeño.

4. Me aseguro que mis seres queridos (mi esposa(o) e hijos) entiendan mis objetivos, deseos y compromisos; y que conozcan mis sueños que tengo con mi desarrollo y crecimiento profesional. Porque su apoyo, aprobación y entendimiento producen una gran confianza y entusiasmo dentro de mi.

5. Soy un profesional exitoso, porque desarrollo todo mi trabajo con excelencia, entrega y compromiso. No me detengo con lo mejor, busco siempre la excelencia en los resultados de mi profesión.

6. No me asustan los cambios, ya que en cada cambio veo una nueva oportunidad de crecimiento y desarrollo profesional y personal. Reconozco que Dios jamás ha perdido el control de mi vida: "Todas las cosas ayudan pora bien, a los que aman a Dios" (Ro. 8:28).

7. Siempre busco nuevas oportunidades de crecimiento y desarrollo, si no hay opciones, las creo, las busco o las invento, soy proactivo.

C 13

El Área De Recreación y Esparcimiento

El ritmo de vida, el consumismo que, consciente o inconscientemente orienta nuestro proceder, los problemas que debemos afrontar para satisfacer nuestras necesidades diarias, están influyendo negativamente en algo en que a veces ni pensamos y es esencial para nuestro desarrollo como seres humanos: la calidad de vida.

Todos los seres humanos deberíamos tener como objetivo algo fundamental: disfrutar de la vida y mejorar su calidad, pero esto no se logra con un simple deseo, es necesario poner de nuestra parte. Si hablamos de la importancia de la creatividad, nos enfocamos fundamentalmente hacia la labor del equipo, con lo que se puede deducir su valor para cualquier aspecto de nuestra vida. Por eso la competitividad de una persona está en relación directa con su capacidad de crear, y esto es algo que mucha gente tiene en cuenta y práctica.

Pero hay algo de lo que no tenemos conciencia, o a veces consideramos que ya no estamos en edad de hacerlo: la importancia de RE-CREAR, que consiste en volver a crearnos, en sacar lo mejor de nosotros mismos, que tal vez hayamos dejado de utilizar. Una de las mejores formas del lograrlo es, justamente, LA RECREACION, y cuando utilizamos este término, pensamos en diversión. ¡Y precisamente, de eso se trata!

Existen artículos muy interesantes respecto a la necesidad de relajación. Creo que la recreación es una forma eficaz de relajarse. La capacidad de recreación la tenemos todos, hasta los más "formales", es un recurso natural de todo ser humano.

Pensemos en la sensación que nos produce ver niños jugando, personas de todas las edades bailando en una fiesta, etc. ¿Es la misma que experimentamos cuando nos encerramos en nuestros prejuicios, preocupaciones, o nos recargamos de trabajo para satisfacer necesidades que, si reflexionamos sobre ellas, llegaremos a la conclusión que no son tan esenciales?

La necesidad de divertirse no es algo exclusivo de niños y jóvenes. Está comprobado que la diversión relaja, trae alegría. Y, como consecuencia, nos ayuda a ser más optimistas y productivos.

Una definición de recreación, que he encontrado en un trabajo sobre productividad de los equipos y empresas dice textualmente: *"Toda actividad libremente escogida, realizada en forma voluntaria, después de horas destinadas al trabajo y a la satisfacción de necesidades básicas, tales como comer, dormir, etc., y que produce crecimiento y desarrollo personal"*.

Personalmente, cambiaría algo, es importante también durante horas destinadas al trabajo y al estudio, por eso insistimos en las técnicas recreativas en el trabajo en equipo y la enseñanza de aprender a aprender.

Está comprobado que las colectividades que se divierten juntas y son capaces de disfrutar el compartir buenos momentos, son más capaces de sacar provecho de los buenos momentos y afrontar los malos.

Si bien somos seres sociales, esto también se aplica a nuestras actividades individuales. Saboreemos los buenos momentos, disfrutemos de nuestra familia, riamos más, aprendamos a reírnos de nosotros mismos, recreemos nuestra vida, e indudablemente mejoraremos su calidad.

El esparcimiento es un fenómeno humano valorado cada vez más en el mundo. Por esparcimiento podemos entender las experiencias que derivan gozo en las personas. Las personas gozan este tipo de vivencias por sí mismas (i.e., son autotélicas) y en ellas encuentran múltiples significados positivos (Kelly, 1987). Las experiencias de esparcimiento no son sólo un estado mental, sino que con ellas las personas actualmente viven y disfrutan algún tipo de acción (i.e., "algo ocurre"). Las experiencias de esparcimiento son contextuales, moldeadas tanto por el entorno cultural y social de las personas, como por sus historias y ciclos de vida. Estas experiencias pueden ocurrir en todos los dominios de la vida (e.g., en la vida familiar cotidiana, en el trabajo, en el tiempo de recreación).

El esparcimiento puede ocurrir en medio de situaciones y entornos con normas y reglas particulares. No obstante, la evidencia empírica indica que la noción de "libertad" y su actual ejercicio, es la dimensión central entre los múltiples significados que las personas valoran en asocio con el fenómeno (Kelly, 1987). En las experiencias de esparcimiento, en la acción, las personas ejercitan su libertad (Osorio, 2001; Cuenca, 1998; Molina, 1998; Kelly, 1987). En medio de la acción y la derivación de significados valorados, su "ser" trasciende, crece, se expande, extiende o esparce. De ahí la riqueza metafórica del término "esparcimiento," que se puede interpretar como un referente de experiencias de gozo que conllevan un "esparcimiento del ser".

Que es la recreación

La Recreación es la actitud positiva del individuo hacia la vida en el desarrollo de actividades para el tiempo, que le permitan transcender los limites de la conciencia y el logro del equilibrio biológico y social, que dan como resultado una buena salud y una mejor calidad de vida.

Actitud Positiva. Es una actitud que lleva al aprendizaje, al logro de metas y al crecimiento personal.

Actividades Para El Tiempo. La recreación debe estar presente en todos los momentos de la vida.

El Equilibrio Biológico y Social. La recreación proporciona equilibrio integral al individuo.

Mejor Calidad De Vida. La práctica recreativa siempre ayuda al mejoramiento de la calidad de vida. Las actividades que dañan la persona no son recreación.

Entre las diversas causas de los altos niveles de estrés, depresión y agotamiento en el trabajo; la falta de recreación y esparcimiento está muy alto en la lista de factores agravantes de estos males. Hemos olvidado uno de los elementos más importantes que deben caracterizar un buen modo de vivir: *"Nuestra capacidad para recrearnos y disfrutar del fruto de nuestro trabajo".*

El sabio Salomón dijo: *"Todo tiene su tiempo"* (Ec. 3:1). El detalle es que nosotros no le hemos dado la importancia necesaria al tiempo de ocio y de esparcimiento, porque no lo hemos considerado importante. Y aunque cada persona usa su tiempo libre de diferentes maneras, todo ser humano, necesita un cambio de actividad, un momento de descanso, esparcimiento y recreación, en donde únicamente se dedique a gozar, disfrutar y sentirse totalmente relajado.

El uso del tiempo del hombre.

El acto turístico es un ***acto motivado***, que se asienta sobre un cierto excedente de tiempo, el cual resulta para el habitante de los países desarrollados un bien cada vez más escaso. Hemos de referirnos en primer lugar al ***tiempo libre*** en su dimensión psicosociológica, para luego detenernos en aquéllas actividades que el individuo lleva a cabo, entre ellas el ***turismo y la recreacion***. El ocio es, al mismo tiempo, un fenómeno social y una actividad individual, ambas dimensiones que se entrecruzan, por un lado, debido al condicionamiento que la actual cultura de masas impone a esta porción del tiempo en el habitante de los países industrializados, y por otro, porque, en tanto práctica individual, dota al individuo de un sentimiento de libertad. El hombre de los países desarrollados, se enfrenta hoy a la problemática de tener que distribuir su tiempo en esferas y quehaceres diversos. Podemos hablar así, siguiendo el modelo de Staffan B. Linder, de cinco categorías clasificatorias de nuestra forma actual de empleo del tiempo por el hombre:

Tiempo de Trabajo. Es aquél dedicado a la productividad, y como tal es el que más incide sobre todas las otras categorías de empleo de nuestro tiempo, debido a que se vincula directamente con nuestro nivel de ingresos económicos.

Tiempo de trabajo personal. Es el tiempo dedicado al cuidado y mantenimiento de los bienes de consumo adquiridos, como así también de nuestro cuerpo, nuestra salud. Se refiere tanto al tiempo que nos demanda llevar el auto al taller, como ir al dentista. En el primer caso, tal vez podamos delegar la tarea a terceros, pero en el último ejemplo no.

Tiempo dedicado al consumo. Suele elevarse cuando se eleva el nivel de los ingresos de un individuo, debido a que tiene acceso a mayor cantidad de bienes de consumo, pero paradójicamente - y ésta es la afirmación central del autor- se nota una reducción de su tiempo libre, debido a que el mismo se torna más caro que cualquier otra cosa. Es difícil determinar a priori cuál será el efecto que produzca una alza en el nivel de ingresos de un individuo sobre todas las otras categorías de uso del tiempo, pero la realidad nos lleva a INFERIR que un sujeto cuyo tiempo de productividad adquiere un alto valor en el mercado, también se verá exigido a especializarse, perfeccionarse, en definitiva, a reducir su tiempo libre, por lo cual el mismo se torna más caro que cualquier otro bien. Es posible que aumente el volúmen de los bienes que consume, pero no su tiempo libre. Por supuesto, ésto dependerá de situaciones particulares, por lo cual hemos dicho que a priori no se puede determinar si un individuo elegirá sustituir tiempo por bienes.

Tiempo para la cultura. es el tiempo dedicado a cultivar la mente y el espíritu que Linder sintetiza como "tiempo para la cultura" y que ha sido una de las metas del progreso económico, al suponer que un aumento en nuestros ingresos conllevaría a una mayor asignación de recursos en actividades tales como asistir a espectáculos (teatro, cine, ballet), lectura, ópera, pintura, etc. La tendencia actual indicaría, por un lado, que el aumento esperado en cuanto al tiempo dedicado para la cultura, no se ha producido debido a que el tiempo dedicado al trabajo lo somete a una competencia creciente. Si bien es cierto que a medida que el nivel medio de ingresos sube, mayores son las posibilidades de una mejora en el nivel educativo-cultural del individuo y su grupo familiar, por otro lado la realidad nos indica que la tendencia actual no va en el mismo sentido en todos los ámbitos, y las diversiones hoy suelen reducirse más al ámbito de lo privado-doméstico y no tanto a la actividad social. Estamos refiriéndonos a tendencias observables del fenómeno en su dimensión social, dejando para más adelante la referencia a los aspectos psicológicos del mismo, con lo cual queremos significar que la función psicológica del ocio merecerá un apartado especial.

Tiempo inactivo. la quinta categoría del uso del tiempo a la que Linder llama Inactividad, y que es el tiempo excedente, propio de aquéllos países más pobres, o de aquéllos individuos alejados del proceso de producción (como puede ser una persona con una discapacidad específica, o por hallarse ya jubilados). No es la inactividad creativa, ni el ocio de una elite que puede dedicarse al ideal griego de la vida contemplativa y del desarrollo del espíritu y el intelecto, sino que es una inactividad impuesta por condicionantes sociales, políticos y económicos, que no dejan al sujeto otra opción que la de enfrentarse a esos puntos muertos de su tiempo, pues es justamente en los países más pobres o en los individuos alejados del proceso de producción económica donde el tiempo es un bien que sobra. El excedente de tiempo va de la mano de la pobreza, y no a la inversa, como bien lo expresa el autor:"...Las culturas donde el "tiempo sobra" aparecen en los países más pobres. Tan baja es la productividad, que cierta porción del tiempo no tiene rendimiento alguno. Esas culturas no tienen gran necesidad de precisión en el cálculo y la medición del tiempo..." y sigue:"...Asimismo, los individuos disminuídos, a quienes se excluye del mercado laboral y del proceso de desarrollo, y que cuentan por lo tanto con bajos ingresos, pueden experimentar un excedente de tiempo..."

Vemos que el tiempo libre no es el tiempo vacío que sigue al tiempo de trabajo, sino que es un fenómeno social a cuyo estudio se han abocado grandes especialistas, debido a que es una importante problemática del hombre moderno y que debemos promover a fin de lograr la integración de todos.

El tiempo libre y su valoración histórica. En las sociedades preindustriales, encontramos que la disposición de tiempo libre era reservada a una casta ociosa, que disfrutaba del mismo tal como lo concebían los griegos, esto es, como derecho sólo de una minoría, que por su linaje y pertenencia podía vivir sin trabajar. La gran masa no se sustraía del trabajo, salvo en aquéllos casos de inactividad forzada, en que por condiciones del clima o por azares del destino, el individuo quedaba excluído de la cadena productiva. Con el surgimiento de las primeras sociedades industriales, se produce el éxodo hacia las grandes urbes, lugar de asentamiento de las primeras fábricas, y se transforman las condiciones del trabajo, aumentando las presiones del mismo sobre el individuo, en aras del aumento de la productividad. El trabajo se convierte en el valor fundamental del sistema social, instaurándose una verdadera moral del trabajo, siendo el ocio criticado desde un punto de vista moral y económico.

Inmediatamente después de la II Guerra Mundial se materializa el derecho de vacaciones pagadas y reducción de las horas de trabajo a las grandes masas de trabajadores, que salen al escenario social para gozar de los derechos que antes eran exclusividad de una minoría, y es así como empiezan a hacerse presentes en aquéllos lugares y actividades que antes les estaban vedados. Se seccionan las diversiones, se establecen modas, lugares, actividades, deportes, preferencias que serán el símbolo de la pertenencia a determinada sub-cultura, con códigos y valores propios y específicos. El tiempo libre es, tal como lo hemos señalado anteriormente, un tiempo de consumo, y a la vez, un símbolo de pertenencia a una determinada sub-cultura.

Las funciones psicológicas del tiempo libre: Esta porción de tiempo a la que llamamos tiempo libre, y que se encuentra condicionada, tal como señalamos, por factores históricos, sociales y económicos, cumple importantes *funciones* psicológicas para el individuo. En primer lugar, le permite **evadirse**, hasta donde es posible para cada uno, de las actividades de la rutina cotidiana y las exigencias cada vez mayores de eficiencia y eficacia, de perfeccionamiento, a que nos somete el ejercicio del tiempo de trabajo.

Se supone que el trabajo se torna menos agobiante si se lo matiza con momentos para el descanso y la diversión, lo cual a su vez, redundará en una mejora de la productividad del trabajador. Pero también es cierto, por otra parte, que este ocio-consumo se torna, por momentos, en un nivel más de exigencia para el individuo en la medida en que al ser un artículo más de consumo, deberá dedicarse a su posesión como si de cualquier otro se tratase. Así resulta que las funciones que el ocio cumple en el plano individual, se hallan inseparablemente ligadas con el marco socio-cultural que le sirve de base.

En líneas generales, cuando un individuo busca *evadirse*, suele elegir entre un abanico de actividades, entre las que podemos citar según Roger Sue:

Actividades de evasión según Roger Sue
Actividades socioculturales
Estudios y formación profesional
Reposo (descanso, paseos)
Reposo cultural (televisión, radio, cine)
Lectura (literatura, periódicos, revistas)
Educación de los hijos
Gustos personales, educación física, deportes

Queremos decir que la elección en el uso de nuestro tiempo libre es un *proceso*, no un acto aislado. Básicamente el *ocio* supone la búsqueda de bienestar, y hay quienes lo encuentran frente a actividades sedentarias, pero que lo enriquecen espiritualmente, como la lectura, o aquéllos que gozan ejerciendo actividades lúdicas, como el juego, el deporte, o haciendo turismo. No importa la actividad que se realice, importa la búsqueda de placer asociada a ellas. Y en este punto a menudo se encuentra el individuo con **barreras** internas, por las cuales viven con angustia o culpa esa porción de tiempo "improductivo", siendo que no hemos sido educados para el placer.

El "como llenar" esa porción de tiempo suele enfrentar al individuo a una sensación de vacío y pérdida de referencias, dado que todos sus tiempos suelen estar híper organizados y sometidos a la agenda y el reloj. Esto impide a menudo un pleno disfrute del tiempo libre, porque liberar lo imaginario no es a lo que más está acostumbrado el hombre moderno.

El tiempo libre ayuda también al establecimiento del contacto humano, al intercambio, aspecto importante en la vida del hombre que no se ve favorecido por las condiciones del trabajo moderno, por la urbanización intensiva y el hábitat vertical que traen consigo una disminución de las interrelaciones sociales.

A este respecto vemos asimismo una tendencia mayor hacia el estilo individual de consumo del tiempo libre, por lo cual se pasa la mayor parte del mismo en el seno de la familia, y en actividades privadas, de puertas para adentro, como por ejemplo ver televisión. Queremos mostrar que no hay una única manera en el ejercicio del ocio, y que tampoco hay tipos "puros" de actividades, en la medida en que cada una de ellas encierra consigo la valoración contraria. Nada es tan blanco ni tan negro como aparece en los textos de consulta. La función socializadora del ocio que quieren ciertos autores, se ve atravesada por factores que la modifican, y lo mismo ocurre con el ideal de evasión, de esparcimiento, de diversión.

Es el hombre y sus circunstancias, y en este sentido queremos mostrar los impedimentos, barreras y mandatos que pesan sobre las distintas esferas del ejercicio de esta actividad, que más que un acto aislado es, como dijimos, un *proceso*. Pretender explicar el ocio de nuestros días como un modelo logrado y perfecto de un ideal teórico, sería quitarlo de su contexto, cayendo en meras descripciones sin sentido.

Eso quiere decir que si queremos tener tiempo para hacer lo que nos gusta, y descansar y recrearnos, necesitamos planearlo, proponerlo y ejecutarlo, nada sucede al azar. Todas las actividades que nos motivan y nos diviertan, contribuyen al mejoramiento inmediato de nuestro sistema inmunológico.

Asegúrate de que diferentes y suficientes actividades recreativas formen parte de tu estilo de vida; porque eso es fundamental para tu buen desarrollo físico y mental. Un cuerpo fuerte y una mente ágil y despierta trabajan en armonía para lograr alcanzar el éxito en tus diferentes sueños.

Es importante no perder de vista que para mantener un equilibrio en esta área, debemos cuidar de satisfacer todos los roles que jugamos. Si bien, la diversión debe involucrar a la familia, como pareja, en ocasiones es necesario buscar a quien cuide a tus hijos (si son pequeños) y salir con tu pareja. También tenemos que ser sensibles a las necesidades de tu cónyuge o de tus hijos, que a veces necesitan divertirse solos o en compañía de sus amigos, lo mismo que tú, o sea que hay esparcimiento individual, familiar, conyugal y filial, además de la recreación con los compañeros de trabajo, ninguno debe ser descuidado según el orden de prioridades.

Evaluación acerca de tu recreación

		Puntaje
1	¿Tienes uno a varios momentos diarios de esparcimiento al día?	○ Sí (10) ○ No (0)
2	¿Practicas una vez a la semana por lo menos algún juego, deporte, o alguna otra actividad que te desestrese de tus actividades diarias?	○ Sí (10) ○ No (0)
3	¿Sueles considerar de mucha importancia las actividades recreativas o de esparcimiento?	○ Sí (10) ○ No (0)
4	¿Tienes tiempo de esparcimiento individuales, con tu cónyuge y con toda tu familia, por separado?	○ Sí (10) ○ No (0)
5	¿Te sientes satisfecho con el tiempo que actualmente dedicas a tu área recreativa y de esparcimiento?	○ Sí (10) ○ No (0)
	Total puntos	_____

Algo muy importante en esta área de recreación y esparcimiento, es evitar caer en la rutina. Y esto es algo que todos debemos aprender a hacer.

Si tus respuestas son positivas ánade los 10 puntos a cada una de las respuestas. Eso quiere decir que si tienes 30 puntos o más, vas por buen camino y sí tienes cuidado de tu tiempo de recreación, pero si tienes 20 o menos, es un área que has descuidado y que necesitas volver a retomar.

Plan de acción en tu área de recreación y esparcimiento:

1. Si no estás satisfecho con el tiempo que dedicas a estas actividades; enumera a continuación al menos tres acciones que tomarás a partir de hoy, para dedicar más tiempo a tu área de recreación:
a) _____
b) _____
c) _____
2. Menciona cinco actividades recreativas que más disfrutas:
a) _____
b) _____
c) _____
d) _____
e) _____
3. ¿Cuáles son las cinco actividades recreativas que más disfrutan tus hijos?
a) _____
b) _____
c) _____
d) _____
e) _____

4. ¿Qué tiempo dedicas semanalmente a la recreación y esparcimiento?

A nivel personal: _____
_____

A nivel Conyugal: _____
_____

A nivel Familiar: _____
_____

5. ¿Utilizas el tiempo de recreación como una gran oportunidad para desarrollar una mejor relación con tu cónyuge y con tus hijos? Si la respuesta es NO ¿Qué piensas hacer al respecto? (Se especifico):
_____
_____
_____
_____
_____
_____
_____

6. Menciona tres cambios como mínino que vas a iniciar hoy en tu estilo de vida, para disfrutar más de tus actividades diarias:

a) _____
b) _____
c) _____

7. Enumera tres actividades específicas que comenzarás a hacer cada semana a partir de ésta, para mantener un balance en esta era con las demás áreas de tu vida:

a) _____
b) _____
c) _____

Mis 10 metas recreativas más importantes

#	Metas	Fecha
1		
2		
3		
4		
5		
6		
7		
8		
9		
10		

Declaraciones de recreación y esparcimiento

1. Siempre duermo con tranquilidad, y amanezco descansado y con energía para iniciar un nuevo día. Mi descanso y relajación son importantes para mí. Siempre me proporciono el tiempo adecuado para descansar y relajarme.

2. Utilizo las actividades recreativas para lograr que mis hijos aprendan a verse a sí mismos de la manera más positiva posible; y para relacionarme de una manera efectiva con ellos.

3. Siempre me deshago de todo estrés. Sólo permito que lo positivo, los retos y la armonía saludable sean parte efectiva de mi vida, y para eso disfruto siempre de actividades recreativas y de esparcimiento.

4. Enfrento todas mis responsabilidades con seguridad y entusiasmo. De la misma forma enfrento los problemas y conflictos, porque he aprendido a tener la paz de Cristo, porque disfruto de su gozo que obtengo disfrutando de su presencia.

5. Encuentro que la recreación y el esparcimiento es una de las mejores formas de proveer a mi cuerpo de energía y del descanso necesario. Disfruto del ejercicio, ya que siento que mi cuerpo adquiere mayor energía, fuerza y salud.

C 14

El Área Económica

El éxito o el fracaso financiero no es el resultado de circunstancias generales, sino de decisiones personales. La persona promedio gasta 150% de sus entradas; siendo por eso uno de los mayores temores en los albores de este siglo XXI, la ansiedad y el estrés que producen las deudas, y como obtener los recursos para salir de ellas. Para entender un poco sobre esta área económica, es muy pertinente ver las principales definiciones que se dan sobre economía.

La economía del griego: οἰκονομία, (oikonomía) "administración de una casa o familia." De οἶκος (oïkos) "casa, en el sentido de patrimonio" y νέμω (némo) "administrar" es una ciencia social que estudia las relaciones que tienen que ver con los procesos de producción, intercambio, distribución y consumo de bienes y servicios, entendidos estos como medios de satisfacción de necesidades humanas y resultado individual y colectivo de la sociedad. Según otra de las definiciones más aceptadas, propia de las corrientes marginalistas o subjetivas, la ciencia económica analiza el comportamiento humano como una relación entre fines dados y medios escasos que tienen usos alternativos.

Esta fue propuesta por Lionel Robbins en 1932, y si bien por un lado permite ampliar el objeto de estudio de la economía a casi cualquier problema humano, por el otro limita el estudio económico al análisis de problemas de optimización.

La economía como ciencia

Antes de definir la economía como ciencia es necesario mencionar que en la economía hay diferentes puntos de vista, según el enfoque que se adopte. Sin embargo, destacan dos: el enfoque objetivo y el enfoque subjetivo; por lo tanto, sobresalen la definición objetiva y la definición subjetiva, que refieren a dos teorías del valor (objetivo y subjetivo, correspondientemente).

Definición objetiva o marxista. La definición clásica de la corriente objetiva es de Friedrich Engels, quien señala: *"La economía política es la ciencia que estudia las leyes que rigen la producción, la distribución, la circulación y el consumo de los bienes materiales que satisfacen necesidades humanas."* Karl Marx a su vez señala que la economía es *"la ciencia que estudia las relaciones* *sociales de producción"*. También se le llama *"la ciencia de la recta administración"*. La corriente objetiva se basa en el materialismo histórico, se refiere al concepto del valor-trabajo, por el que el valor tiene su origen objetivo en la cantidad de trabajo requerido para la producción de los bienes. Y es histórico porque concibe el capitalismo como un modo de producción correspondiente a un determinado momento histórico. Esta definición se basa en la rama de la economía conocida como Economía Política.

Definición subjetiva o marginalista. La definición clásica de la orientación subjetivista es de Lionel Robbins, quien afirma: *"La economía es la ciencia que se encarga del estudio de la satisfacción de las necesidades humanas mediante bienes que, siendo escasos, tienen usos alternativos, los cuales hay que adaptar"*.

Definición Sistémica. Desde otro punto de vista la economía puede ser observada como un ámbito de comunicación bien definido. Esto significa que la economía es el medio de comunicación en el cual se forman los sistemas económicos. En esta perspectiva los sistemas económicos son sistemas sociales en los cuales las comunicaciones que se reproducen son comunicaciones sobre compensaciones o pagos.

Aquellas comunicaciones que tienen sentido económico, se reproducen en los sistemas económicos, aquellas que no tienen sentido, se rechazan. Esta visión sociológica de la economía posibilita comprender la economía como un aspecto integral de la sociedad y que todo esto tiene relación con la mercadotecnia.

La neoeconomía. Es una nueva forma de llevar las finanzas actuales, su integración se basa en el desarrollo y manejo de la economía de las diferentes variantes (economía de empresas, economía espacial o economía internacional). Constituye un instrumento de análisis de la economía, la interrelación entre los distintos mercados globales, diseña planes de actuación y política económica que en general persigue el fin de las relaciones mercado-estado.

Nueva Economía. El término Nueva Economía fue acuñado por el economista Brian Arthur, aunque fue popularizado principalmente por Kevin Kelly, el editor de la revista "Wired". La nueva economía es un término que fue acuñado a finales de los años 90 para describir la evolución, en los Estados Unidos y otros países desarrollados, de una economía basada principalmente en la fabricación y la industria a una economía basada en el conocimiento, debido en parte a los nuevos progresos en tecnología y en parte a la globalización económica.

En ese momento, algunos analistas entendieron que este cambio en la estructura económica había creado un estado de crecimiento constante y permanente, de desempleo bajo e inmune a los ciclos macroeconómicos de auge y depresión. Además, creyeron que el cambio puso en obsolescencia antiguas prácticas de negocios.

La primera vez que se manejó públicamente el término de Nueva Economía fue el 30 de diciembre de 1996 por la Revista Business Week en el informe de Michael J. Mandel denominado "El triunfo de la Nueva Economía". En los mercados financieros, el término se ha asociado al auge de las empresas punto-com. Esto incluyó la aparición del Nasdaq como rival a la bolsa de acciones de Nueva York (NYSE), una gran cantidad de lanzamientos de empresas a Oferta Pública de Venta (OPV), el aumento de valor de las acciones de las punto-com sobre empresas establecidas, y el uso frecuente de herramientas tales como las opciones sobre acciones (stock options).

Como muchas cosas que parecen demasiado buenas, la recesión de 2001 (Burbuja .com mediante) desacreditó muchas de las predicciones más extremas hechas durante los años del auge. Sin embargo, la investigación subsiguiente sugiere fuertemente que el crecimiento de la productividad fue estimulado por la fuerte inversión en tecnologías de la información.

Todos estos modelos y cambios en la economía repercuten directamente en nuestra economía familiar, ya que la inflación, la globalización y la crisis financiera de los últimos años; son factores decisivos en el poder adquisitivo de nuestro dinero.

La globalización. es un proceso fundamentalmente económico que consiste en la creciente integración de las distintas economías nacionales en un único mercado capitalista mundial.

La globalización es defendida por el neoliberalismo

encarnado en los organismos internacionales OMC, FMI y BM y es rechazada por los grupos antiglobalización. Es discutible relacionar la globalización con una dimensión extra-económica (humana). Pero de hacerlo abarcaría cuestiones mundiales como: cambio climático, imperialismo cultural contra multiculturalismo, inmigración e Internet.

En economía, la inflación es el aumento sostenido y generalizado del nivel de precios de bienes y servicios, medido frente a un poder adquisitivo estable. Se define también como la caída en el valor de mercado o del poder adquisitivo de una moneda en una economía en particular, lo que se diferencia de la devaluación, dado que esta última se refiere a la caída en el valor de la moneda de un país en relación con otra moneda cotizada en los mercados internacionales, como el dólar estadounidense, el euro o el yen.

Ahora en lo que respecta a la situación financiera, todos hemos sido creados iguales. Muchas personas nacen en medio de la pobreza, algunos pocos han nacido en familias poseedores de inmensas fortunas, mientras que la inmensa mayoría de las personas nacen en algún punto intermedio entre esos dos polos opuestos.

Sin embargo hay dos cosas comunes en todas las personas sin importar en qué nivel económico hayan nacido: Primero, ninguno de ellos tuvo la oportunidad de escoger las circunstancias de su nacimiento, y Segundo: todos ellos pueden elegir si desean vivir una vida de pobreza, de riqueza o simplemente vivir una vida promedio.

En otras palabras está en nuestras manos escoger la clase de vida que queremos vivir. Nuestro futuro financiero está en nuestras manos, depende enteramente de nosotros. El mundo ofrece las mismas oportunidades a todas las personas, pero no obliga a nadie a aprovecharlas.

Entonces el primer paso, por difícil que parezca, es aceptar que, financieramente, en este momento te encuentras exactamente en donde te has querido encontrar y has planeado encontrarte. Porque esa ha sido tu decisión, ya que si no has hecho nada para cambiar esa situación en la que estás, eso quiere decir que entonces te programaste para estar exactamente en donde te encuentras.

El segundo paso es determinar exactamente dónde te encuentras financieramente hablando. En otras palabras cuál es tu patrimonio personal, y familiar.

> **Bienes – Deudas = Patrimonio personal y familiar**

Bienes. Son todas aquellas posesiones que tienen valor en efectivo, o que pueden ser convertidas en su equivalente en dinero. Generalmente incluyen dinero, ahorros en cuentas bancarias, inversiones, pensiones, negocios, bienes raíces, automóviles (totalmente pagados) y otras propiedades.

Deudas. Incluyen los préstamos que hay que pagar, el balance de tus tarjetas de crédito, hipotecas y cualquier otro tipo de deudas o dinero que tengas que pagar.

Autoevaluación en tu área económica. Es muy importante que calcules tu patrimonio, para entonces saber exactamente en dónde estás parado; suma todo lo que es tu patrimonio (lo que no adeudas) y que te genera utilidades, después haz una lista de todas tus deudas, eso es todo lo que debes, y se lo debes restar a lo que posees, y eso te dará como resultado tu patrimonio real.

Actúa inmediatamente, toma tu cuaderno de apuntes y hazlo, y después de eso evalúa tus resultados en base a las siguientes declaraciones:

1. Si tu patrimonio es menos de la mitad de tu salario anual o inclusive negativo, es vital y urgente que desarrolles un presupuesto de gastos muy estricto.

2. Si tu patrimonio es más de la mitad de tu salario anual, pero menor a tres o cuatro veces tu salario anual, seria conveniente hablar con un planificador financiero que te ayude a desarrollar una mejor estrategia de ahorro e inversión.

3. Si tu patrimonio sobrepasa a más de un año de tu salario anual, vas en el camino correcto para alcanzar la libertad financiera.

Recuerda que si lo haces familiar, entonces debes incluir y sumar el salario de todos los miembros de la familia. Se han escrito muchos libros sobre administración financiera y cómo salir de la crisis en la economía familiar y personal, en este capítulo no pretendo abarcar todo lo referente a este tema, pero sí pretendo hacerte tomar conciencia acerca de dónde estás parado en tu área de economía familiar.

Por lo tanto es muy importante que contestes las siguientes preguntas para continuar con tu autoevaluación en tu economía:

Evaluación acerca de tu economía

		Sí	No
1	¿Siempre elaboras un presupuesto para saber en qué gastas tus ingresos, y obtener el mayor poder adquisitivo de tus recursos?	○	○
2	¿Ya has planificado en dónde quieres estar financieramente el próximo año?	○	○
3	¿Has elaborado un plan financiero a largo plazo, para alcanzar en un promedio de 10 años la libertad financiera que requieres?	○	○
4	¿Actualmente estas ahorrando un mínimo del 10% de todas tus entradas?	○	○
5	¿Tu cónyuge y tú le dan suma importancia a su área financiera y se programan para realizar sus gastos, invertir y ahorrar?	○	○

Si contestaste a más de tres preguntas un NO, quiere decir que tu situación financiera está en crisis, es importante y urgente que busques ayuda financiera de un asesor financiero, para que te ayude a salir de tus deudas y comiences a ahorrar e invertir para lograr obtener descanso en esta área.

Si solamente a dos contestaste que NO, estás comenzando a entender la importancia de tu área económica pero todavía no es suficiente, necesitas seguir trabajando, planeando y organizándote en esta área.

Tienes que aprender a planificar a largo plazo y elaborar un presupuesto que se ajuste a tus circunstancias personales y familiares. La mayoría de las personas promedio no planean para el futuro, no ahorran y no esperan nada. La mala administración del dinero, es la principal causa de los problemas que enfrentamos a diario.

El éxito financiero no es un accidente, es el resultado de tu plan de acción, tu disciplina, y tu compromiso hacia la realización de tus sueños. De un lado tienes el dinero que ganas y del otro el dinero que gastas. Si tus entradas son mayores que tus gastos, estás acumulando riquezas; pero si, por el contrario, tus gastos son mayores que tus entradas, entonces estás acumulando deudas. Por simple que parezca, este es el principio financiero más profundo que necesitas aprender, memorizar y practicar para controlar tu situación económica.

Nunca obtendrás tu libertad financiera si estás gastando más de lo que ganas.

Recuerda que un presupuesto es: simplemente un plan para distribuir tus ingresos, de tal manera que puedas cubrir los gastos correspondientes a tus necesidades y lograr, además alcanzar tus sueños.

Si crees haber caído victima del status, déjame compartir una definición que leí en una ocasión sobre esta palabra: *"Status es comprar cosas que no necesitamos, con dinero que no tenemos, para impresionar a gente de la cual no gustamos"*. Deja de aparentar un estilo de vida que no tienes, y que además por las cargas de tus deudas, ni siquiera puedes disfrutar.

Se realista con tu estilo de vida, que vaya acorde con tus ingresos.

Hábitos económicos a evaluar

#	¿Cuales hábitos económicos debo adquirir o eliminar?	Fecha
1		
2		
3		
4		
5		

Plan de acción en tu área económica: He aquí algunos elementos vitales que los creyentes no podemos ignorar. Si caminamos en estos elementos veremos la bendición de Dios en nosotros y a través de nosotros.

1. Sé un instrumento de Dios para discernir los tiempos. "Allí, con nosotros, había un joven hebreo, esclavo *del capitán de la guardia. Le contamos nuestros sueños, y a cada uno nos interpretó el sueño. ¡Y todo sucedió tal como él lo había interpretado! A mí me restituyeron mi cargo, y al jefe de los panaderos lo ahorcaron." El faraón mandó llamar a José, y en seguida lo sacaron de la cárcel. Luego de afeitarse y cambiarse de ropa, José se presentó ante el faraón, quien le dijo: —Tuve un sueño que nadie ha podido interpretar. Pero me he enterado de que, cuando tú oyes un sueño, eres capaz de interpretarlo".* (Génesis 41:15).

José fue conocido por ser un hombre con Discernimiento. Este es el tiempo de ser creyente con Discernimiento. ¿Qué es Discernimiento? Discernimiento es la capacidad dada por el Espíritu Santo de Dios para:

A) Entender e interpretar correctamente lo que está sucediendo en el mundo.

B) Entender e interpretar el corazón de Dios en el día de hoy.

C) Entender e interpretar lo que está sucediendo en la Iglesia de Cristo.

¿Cómo se adquiere el discernimiento?

Discernimiento no es algo que un siervo de Dios me da, ni lo adquiero en un Seminario o leyendo un libro. Es parte de la persona del Espíritu Santo. Si tengo al Espíritu Santo en mi, tengo el Discernimiento.

Lo que necesito es desarrollarlo. ¿Cómo desarrollo

el discernimiento? El Discernimiento se desarrolla a través de:

Oración y Comunión. *"La oración no es una fórmula de palabras o una serie de deseos que saltan del corazón. Oración es la orientación de todo nuestro cuerpo, mente y espíritu hacia Dios en silencio, atención y adoración"* **Thomas Merton**

Disciplinas Espirituales. (Ayuno, Silencio, Meditación, Soledad, Abstinencia, Palabra).

El discernimiento también se desarrolla al estar en contacto con gente de discernimiento. Y finalmente nos lleva a ser analítico de lo que pasa en el mundo con ojos muy abiertos. Frente a eso cambia nuestra manera de ver las noticias.

La Biblia habla de gente que poseía ese discernimiento. *"De los hijos de Isacar, doscientos principales, entendidos en los tiempos, y que sabían lo que Israel debía hacer, y cuyas órdenes seguían todos sus hermanos"*. (1 Crónicas 12:32).

2. Ten absoluta confianza y fe de que Dios tiene la respuesta para cada circunstancia adversa, obscura y confusa. *"No soy yo quien puede hacerlo —respondió José—, sino que es Dios quien le dará al faraón una respuesta favorable"*. (Génesis 41:16).

• El panorama no es alentador pero las promesas de Dios son sublimes.

• Mirad las aves del cielo y los lirios del campo dijo Jesús. No importa lo que las noticias digan necesitamos estar claros de que Dios tiene una respuesta favorable como José se lo hizo saber a Faraón.

• El Señor prepara mesa delante de mí en presencia de mis angustiadores. (Salmo 23).

• Cuando el discernimiento espiritual precede a la adversidad tú sabrás a dónde y cómo ir y el destino al cuál llegarás.

• Sensibilidad espiritual no me hace temblar frente a lo que veo u oigo, sino que me impulsa con la seguridad de que Dios tiene la respuesta.

3. Se Sabio y ejecuta el Plan de Supervivencia 7-5. *"En realidad, los dos sueños del faraón son uno solo. Dios le ha anunciado lo que está por hacer. Las siete vacas hermosas y las siete espigas hermosas son siete años. Se trata del mismo sueño. Y las siete vacas flacas y feas, que salieron detrás de las otras, y las siete espigas delgadas y quemadas por el viento solano, son también siete años. Pero éstos serán siete años de hambre. Tal como le he dicho al faraón, Dios le está mostrando lo que está por hacer. Están por venir siete años de mucha abundancia en todo Egipto, a los que les seguirán siete años de hambre, que harán olvidar toda la abundancia que antes hubo. ¡El hambre acabará con Egipto! Tan terrible será el hambre, que nadie se acordará de la abundancia que antes hubo en el país. El faraón tuvo el mismo sueño dos veces porque Dios ha resuelto firmemente hacer esto, y lo llevará a cabo muy pronto. Por todo esto, el faraón debería buscar un hombre competente y sabio, para que se haga cargo de* *la tierra de Egipto. Además, el faraón debería nombrar inspectores en todo Egipto, para que durante los siete años de abundancia recauden la quinta parte de la cosecha en todo el país. Bajo el control del faraón, esos inspectores deberán juntar el grano de los años buenos que vienen y almacenarlo en las ciudades, para que haya una reserva de alimento".* (Génesis 41:25-35).

José declaró a Faraón que vendría sobre Egipto una crisis alimentaria. Nosotros estamos viendo a los expertos en economía decir lo mismo. He aquí algunos de los factores que expertos dicen que por primera se han unido para crear la próxima crisis.

Factores mundialesde crisis alimentaria
Degradación de las tierras por la violación de la orden bíblica. No se le ha dado descanso a la tierra, como Dios lo determinó
Abuso de sustancias químicas
Incremento de los precios del Petróleo
Devaluación del Dólar
Crisis financiera en USA
Incremento en producción de los biocombustibles

Frente a la Crisis de Egipto, José le dijo a Faraón. Aprovecha los 7 años de abundancia y en esos 7 años guarda, ahorra la quinta Parte para cuando vengan los 7 años de escasez.

EL Plan de Supervivencia 7-5-7 es: Aprovecha los 7 de abundancia y ahorra la quinta parte para cuando vengan los 7 años de Escasez. Así es que tu plan debe incluir un presupuesto y un plan de ahorro.

1. ¿Posees un presupuesto que te permite asumir el control de tu área económica? _____

2. ¿Utilizas indiscriminadamente tus tarjetas de crédito, sin tomar en cuenta tus sueños a largo plazo? Si respondes que sí, ¿Cuáles son las acciones que vas a tomar para cambiar esa situación? _____
_____

3. ¿Ahorras una parte de tus entradas todos los meses? Si respondiste que NO, a continuación anota cuánto dinero piensas ahorrar mensualmente a partir de este mes:_____
_____
_____

4. Menciona tres nuevos hábitos que vas a adquirir para obtener un futuro económico sólido:
a) _____
b) _____
c) _____

5. Enumera un mínimo de cinco malos hábitos que vas a eliminar de tu área económica, porque te han llevado, o están a punto de producir una crisis financiera personal y familiar:
a) _____
b) _____
c) _____
d) _____
e) _____

Mis 10 metas económicas más importantes

	Metas	Fecha
1		
2		
3		
4		
5		
6		
7		
8		
9		
10		

Declaraciones económicas

1. Disfruto de la libertad financiera que continuamente obtengo como resultado de mis metas económicas, y como resultado de mi compromiso en el control del manejo correcto de mi economía.

2. Soy económicamente responsable. El dinero me persigue y viene fácilmente a mi; porque tengo la habilidad para administrarlo y hago que el trabaje para mi.

3. El dinero es solamente una herramienta, que me ayuda a efectuar cambios positivos en mi vida, en la vida de mis seres queridos, y en las vidas de todos aquellos que están a mi alrededor.

4. Yo produzco la independencia económica y financiera en mi vida de muchas maneras. Porque tengo metas específicas que me dicen exactamente cuánto ganaré y como vendrá el dinero a mi.

5. Manejo bien mi crédito. Nunca abuso de él, ni soy esclavo de las tarjetas de crédito.

6. Nunca malgasto el dinero. He aprendido el valor de gastar e invertir el dinero sabiamente. Y como manejo correctamente mi dinero, siempre logro ahorrar lo suficiente.

7. Soy heredero de la bendición de Abraham, y como tal rechazo toda pobreza, ya que la bendición de Jehová es la que enriquece y no añade tristeza con ella. Por lo tanto yo soy prosperado en todo lo que emprendo.

C 15

El Área Ética y Moral

No podemos alcanzar nuestros sueños, si nuestro carácter, que es regido por nuestra ética y nuestra moral, no va acorde con los valores y principios establecidos por Dios en lo que suelo llamar nuestro código de honor. Eso quiere decir que habré fracasado si obtengo riquezas por medios ilícitos. Si logro una mejor posición laboral o un ascenso por medio de soborno y corrupción. O si logro un cuerpo aparentemente sano y fuerte por medio de anabólicos que han aumentado mi masa muscular.

El área ética y moral es un área que al igual que las demás está íntimamente relacionada y ligada con todas las demás áreas de tu vida, por lo que comenzaremos por definir algunos conceptos necesarios para poder entender mejor este aspecto de nuestra vida.

La ética (del latín ethica desde el griego antiguo ἠθική [φιλοσοφία] "filosofía moral", del adjetivo de ἦθος ēthos "costumbre, hábito") proviene del griego "Ethikos" cuyo significado es "Carácter". Tiene como objeto de estudio la moral y la acción humana. Su estudio se remonta a los orígenes de la filosofía moral en la Grecia clásica y su desarrollo histórico ha sido diverso.

Una doctrina ética elabora y verifica afirmaciones o juicios. Esta sentencia ética, juicio moral o declaración normativa es una afirmación que contendrá términos tales como 'malo', 'bueno', 'correcto', 'incorrecto', 'obligatorio', 'permitido', etc, referido a una acción o decisión. Cuando se emplean sentencias éticas se está valorando moralmente a personas, situaciones, cosas o acciones. De este modo, se están estableciendo juicios morales cuando, por ejemplo, se dice: "Ese político es corrupto", "Ese hombre es impresentable", "Su presencia es loable", etc. En estas declaraciones aparecen los términos "corrupto", "impresentable" y "loable" que implican valoraciones de tipo moral.

La ética estudia la moral y determina qué es lo bueno y, desde este punto de vista, cómo se debe actuar. Es decir, es la teoría o la ciencia del comportamiento moral.

La teología moral es una rama de la filosofía que trata con el bien y el mal en el comportamiento humano. La mayoría de las religiones tienen un componente moral, religioso. Desde el punto de vista teológico en las religiones, en la medida en que la ética se deriva de la verdad revelada de las fuentes divinas, la ética se estudia como una rama de la teología. Muchos creen que la Regla de Oro, que enseña a la gente a *"tratar a los demás como usted quiera ser tratado"*, es un denominador común en muchas de las principales códigos morales y las religiones.

La ética cristiana radica en la práctica del bien y de las buenas obras. Tal como lo manda Cristo (Jesús) en el Evangelio: *"Haced el bien a tu prójimo como a ti mismo"* (Jn. 7:10-19), por otra parte, el bien o el buen obrar está presente de modo intrínseco en la persona misma la cual ha sido hecha a imagen y semejanza de Dios... Cabe hacer notar que en la cultura luterana de los países nórdicos se cree que el hombre no es bueno en sí mismo y que necesita a Dios para librarse de su mal obrar.

El carácter.

El carácter ha tratado de ser definido a lo largo de todos estos años pero una de los conceptos más acertados es el definido por Santos (2004), *"el carácter es el sello que nos identifica y diferencia de nuestros semejantes, producto del aprendizaje social."*, Esto nos hace pensar que somos personas únicas que poseemos un conjunto de reacciones y hábitos de comportamiento único que a lo largo de nuestras vidas hemos adquirido.

El carácter probablemente no se manifieste de una forma total y definitiva, si no que pase por un proceso evolutivo que se desarrolla hasta llegar a su completa expresión en el final de la adolescencia.

Se entiende por valor moral todo aquello que lleve al hombre a defender y crecer en su dignidad de persona. El valor moral conduce al bien moral. Recordemos que bien es aquello que mejora, perfecciona, completa.

El valor moral perfecciona al hombre en cuanto a ser hombre, en su voluntad, en su libertad, en su razón. Se puede tener buena o mala salud, más o menos cultura, por ejemplo, pero esto no afecta directamente al ser hombre. Sin embargo vivir en la mentira, el hacer uso de la violencia o el cometer un fraude, degradan a la persona, empeoran al ser humano, lo deshumanizan. Por el contrario las acciones buenas, vivir la verdad, actuar con honestidad, el buscar la justicia, le perfeccionan.

El valor moral te lleva a construirte como hombre, a hacerte más humano. Depende exclusivamente de la elección libre, el sujeto decide alcanzar dichos valores y esto sólo será posible basándose en esfuerzo y perseverancia. El hombre actúa como sujeto activo y no pasivo ante los valores morales, ya que se obtienen basándose en mérito. Estos valores perfeccionan al hombre de tal manera que lo hacen más humano, por ejemplo, la justicia hace al hombre más noble, de mayor calidad como persona.

Los valores Morales.

Como ya lo mencionamos son aquellos valores que perfeccionan al hombre en lo más íntimamente humano, haciéndolo más humano, con mayor calidad como persona. Los valores morales surgen primordialmente en el individuo por influjo y en el seno de la familia, y son valores como el respeto, la tolerancia, la honestidad, la lealtad, el trabajo, la responsabilidad, etc.

Para que se dé esta transmisión de valores son de vital importancia la calidad de las relaciones con las personas significativas en su vida, sus padres, hermanos, parientes y posteriormente amigos y maestros. Es además indispensable el modelo y ejemplo que estas personas significativas muestren al niño, para que se dé una coherencia entre lo que se dice y lo que se hace.

Además es de suma importancia la comunicación de la familia. Cuando el niño ha alcanzado la edad escolar se hará participe de esta comunicación abierta, en la toma de decisiones y en aportaciones sobre asuntos familiares. Posteriormente estos valores morales adquiridos en el seno de la familia ayudarán a insertarnos eficaz y fecundamente en la vida social. De este modo la familia contribuye a lanzar personas valiosas para el bien de la sociedad.

Recordemos que una persona valiosa, es una persona que posee valores interiores y que vive de acuerdo a ellos. Un hombre vale entonces, lo que valen sus valores y la manera en como los vive.

Ya en el ámbito social, la persona valiosa buscará ir más allá de "mi libertad", "mi comodidad o bienestar" y se traducirán estos valores en solidaridad, honestidad, libertad de otros, paz, etc.

Después de todas estas definiciones, creo que podemos darnos cuenta de cuál es el enfoque de esta área, y tenemos que reconocer que hay que vivir una vida ética y moral día a día, y momento a momento. Tampoco podemos ser éticos en unas áreas de nuestra vida y no en otras, la ética debe ser siempre una influencia fuerte y fundamental en todas las áreas de tu vida.

La ética día a día.

Antes de tomar cualquier tipo de decisión, surgen dos premisas éticas: pensar de qué forma afectaría a los demás lo que yo decida y pensar qué pasaría si todo el mundo hiciera lo mismo que yo. Cohen Agrest, quien presentó recientemente su libro Inteligencia ética para la vida cotidiana, sugiere estos criterios como guías para vivir día a día en sintonía con un desarrollo ético. No podemos hacerla a un lado. La ética está aquí, en nuestras únicas y personalísimas decisiones cotidianas. Más allá del vago "sentido común", y de hacer aquello que la mayoría aprueba por ser "lo más normal", ser ético implica detenerse ante los hechos y reflexionar; sopesar las distintas posibilidades.

¿Cómo se preserva una actitud reflexiva en esta época en que todo es tan rápido?

En primer lugar, sin someterse más a los valores de la cultura de masas. Por lo general nos guiamos casi mecánicamente según los valores que imperan en nuestro círculo íntimo o en la sociedad en que vivimos. Heidegger dice que nos dejamos llevar por el "se": "Lo hago porque se hace". Entonces, en lugar de tomar decisiones genuinamente, nuestra vida se va conduciendo de acuerdo con ese impersonal que decide en nuestro lugar.

Además, en una cultura como la de hoy, la mayor parte de las actividades se desarrollan masivamente en lugares, en espacios públicos donde esa desviación es alimentada y facilitada. Es algo observable en los partidos de fútbol, en recitales y otros eventos masivos. Son acontecimientos funcionales a seguir la corriente y dejar de pensar críticamente.

¿Ser ético implicaría detenerse a reflexionar y, algunas veces, no seguir la moral impuesta? La moral es el conjunto de conductas y de normas que están dadas en una sociedad. Sin embargo, no es cuestión de rebelarnos frente a la moral impuesta, sino de tomarla críticamente, examinando reflexivamente sobre qué razones se funda la conducta imperante, o la norma. Por ejemplo, "no robarás" es una norma moral. Pero si necesito un auto rápido para salvarle la vida a alguien y momentáneamente lo robo, entonces "robar" está justificado en ciertas circunstancias.

¿Cómo decidir frente a esos dilemas tan frecuentes? Creo que los valores son *prima facie* (primera instancia), dependen del contexto y un valor puede reemplazar a otro. Un ejemplo típico es el de quien esconde en su casa a Anna Frank. Llegan los soldados nazis y cuando le preguntan si hay alguien más en la casa, dice que no. Privilegia la vida sobre la norma "no mentir". ¿Ese no sería un relativismo? No. Hay valores, y son objetivos. Pero su aplicación depende del contexto.

Ya lo dijo el filósofo David Ross, que habló de deberes y obligaciones prima facie, que obligan siempre y cuando no haya otras obligaciones de mayor importancia que desplacen a las anteriores. Por ejemplo, decir la verdad es una obligación moral. Pero si estoy en el caso de Anna Frank, la obligación de salvar una vida desplazaría a la obligación de decir la verdad. Entonces no es que los valores dejan de valer, siguen valiendo pero en esas circunstancias son desplazados por otros. Se trata de sopesar razones.

Sopesar razones

¿Cualquier persona es capaz de sopesar las razones? Se suele decir que uno intuitivamente, espontáneamente, puede sopesar.

¿Es ético un padre que roba para que sus hijos puedan comer? En ese caso, habría que pensar el contexto también. ¿Por qué sus hijos sufren hambre? ¿Porque no quiere trabajar? ¿Porque trabaja y no le alcanza?

En relación con la mutilación genital femenina, una práctica muy vigente en ciertos países africanos, ¿Hasta qué punto se puede respetar una cultura? ¿Cómo lidiar entre lo que a uno le puede parecer normal y a otro horroroso? La normalidad no es garantía de nada. La esclavitud también era una institución normal en la Grecia del siglo v a.C. y sin embargo sigue siendo inaceptable.

Una de las cosas a que debe prestarse atención en ética es cómo afecta una decisión los intereses y las preferencias de todos los involucrados por esa decisión. Kant habla de universalizar una máxima. Por ejemplo: debo plata al banco y decido no pagarle porque de todos modos –me digo a mí mismo tratando de exculparme, con que yo no pague no va a pasar nada. Pero una vez que universalizamos esa máxima, la única alternativa que me queda es reconocer que, si todas las personas que le deben plata al banco no le pagaran, se vendría abajo el sistema bancario. A la larga, eso iría en mi contra.

¿Universalizar sería un método para verificar si lo que estoy haciendo está bien? Claro, si yo lo puedo desear para el otro. Todo esto se trata de la regla de oro, que aparece en Confucio, en Buda, en el Antiguo Testamento y en los Evangelios: *"No hagas al otro lo que no te gusta que te hagan a ti"*. Toda la ética se reduce a eso.

¿Sería entonces el criterio para juzgar, trascendiendo la diversidad de culturas? El concepto central es atender a los intereses de todos los involucrados. Analizar quiénes son los directamente involucrados y cómo los afecta esa acción. Esto trasciende las culturas. ¿Cómo tengo que decidir mis propias acciones? Hay que tener en cuenta los deseos y preferencias de todos los afectados.

¿Cuál es el rol de la empatía a la hora de tomar decisiones éticas? Aquel que no puede sentir mínimamente como el otro, no entiende nada de la ética, ni de la vida. La empatía es la posibilidad de ponerse en el lugar del otro, de identificarse con él para poder comprenderlo plenamente. Es fundamental.

¿No crees que el lenguaje de la ética, por momentos, parece demasiado alejado de la realidad? Sí, es cierto, por momentos parece que este tipo de discurso es por demás *naif*. Que la realidad aplasta nuestras buenas intenciones. Pero por algún lado se debe comenzar. Si no lo hacemos, si no nos conducimos éticamente con los otros, no sólo somos espectadores de las atrocidades que vemos a diario, sino que nos enlodamos en ellas.

Todos los días tenemos que tomar decisiones éticas que repercuten en nuestro carácter, en nuestra economía y en nuestros valores, pero todo eso debe estar acorde a los principios.

En ética, los principios son reglas o normas de conducta que orientan la acción. Se trata de normas de carácter general, máximamente universales, como, por ejemplo: amar al prójimo, no mentir, respetar la vida, etc. Los principios morales también se llaman máximas o preceptos. Los principios son declaraciones propias del ser humano, que apoyan su necesidad de desarrollo y felicidad, los principios son universales y se les puede apreciar en la mayoría de las doctrinas y religiones a lo largo de la historia de la humanidad.

Los Problemas de la Ética.

La existencia de las normas morales siempre ha

afectado a la persona humana, ya que desde pequeños captamos por diversos medios la existencia de dichas normas, y de hecho, siempre somos afectados por ellas en forma de consejo, de orden o en otros casos como una obligación o prohibición, pero siempre con el fin de tratar de orientar e incluso determinar la conducta humana. Ya que las normas morales existen en la conciencia de cada uno, esto provoca que existan diferentes puntos de vista y por ende problemas en el momento de considerar las diferentes respuestas existenciales que ejercen las personas frente a ellas. Estos problemas los enumero a continuación.

1. El Problema de la Diversidad de Sistemas Morales. Éste se da debido al pluralismo que existe en las tendencias frente a un mismo acto, esto es que, para cuando algunas personas un acto es lo correcto, para otros es inmoral, por ejemplo el divorcio, el aborto, la eutanasia, etc. O sea la pregunta que normalmente se hace una persona que rige su conducta en base a las normas morales es ¿Cuál es el criterio para escoger una norma o la contraria?

2. El Problema de la Libertad Humana. La libertad humana no es del todo real, ya que todo individuo está de cierta forma condicionado por una sociedad en la cual toda persona actúa bajo una presión social, cultural o laboral; aunque considerando a la ética y la moral, permite conservar una conciencia, misma que permite a una persona actuar en base a un criterio propio. El problema está en la incompatibilidad de la libertad humana y las normas morales, o sea en el ser y el deber ser.

3. El Problema de los Valores. De este problema surgen numerosos cuestionamientos pero el problema radica principalmente en la objetividad y subjetividad de los valores, o sea, que existen cuestionamientos sobre si ¿los valores son objetivos? ¿los valores existen fuera de la mente de tal manera que todo hombre deba acatar los valores ya definidos? o si los valores son subjetivos porque ¿dependen de la mentalidad de cada sujeto? También existe otro aspecto, su conocimiento, ¿cómo podemos conocer los valores? y en sí ¿cuál es su esencia?

4. El Problema del Fin y los Medios. Muchos sostienen la importancia del fin de tal modo que cualquier medio es bueno si se ejecuta para obtener un fin bueno, esto se conoce como la tésis maquiavélica "El fin justifica los medios", pero con esto lo único que ocurre es que se sobre valoran las "buenas intenciones " de un acto, que es parte del interior del ser y se descuida el aspecto externo del acto (intenciones y finalidades). Con esto quiero decir que "El fin jamás va a justificar los medios".

5. El Problema de la Obligación Moral. Esto está íntimamente ligado con el tema de los valores ya que normalmente se dice que lo que se hace por obligación, pierde todo mérito, en cambio, cuando se realiza por propio convencimiento, adquiere valor moral. Con esto se da a entender que la obligación moral le quita al hombre la única posibilidad de ser el mismo, de acuerdo con su propia moralidad y con su propio criterio. Pero hay que aclarar también que una cosa es la obligación entendida como corrección externa y otra como la obligación basada en la presión interna que ejercen los valores en la conciencia de una persona.

6. La Diferencia entre Ética y Moral.

Este es un problema que yo creo que a la mayoría de las personas nos ha ocurrido y nos hemos preguntado ¿qué no es lo mismo? Pues no, por definición de raíces significan lo mismo (costumbre), pero en la actualidad se han ido diversificando y lo que hoy conocemos como Ética que son el conjunto de normas que nos vienen del interior y la Moral que son las normas que nos vienen del exterior, o sea de la sociedad.

La ética como ciencia enfrenta muchos problemas que todavía no se han superado, ni se pueden llevar a un consenso, pero eso no nos esgrime de nuestra responsabilidad. Sé que es difícil llegar a conceptos universales en cuanto a todo lo que es ético y moral, pero creo que cada uno de nosotros como seres humanos y sociales, siempre debemos regirnos por dos premisas fundamentales:

El amor al prójimo. Como dijo Cristo: "haz a otros, lo que quieras que te hagan a ti". De una forma práctica podemos decir: "¿Esto que quiero hacer, me Gustaría que me lo hicieran a mi?"

En base al carácter fundamental de la conciencia. En todo ser humano, sin importar religión o cultura. Todos tenemos inscrito dentro de lo íntimo de nuestro ser, las reglas éticas universales de lo que es bueno y lo que es malo.

Evaluación en tu área moral

1) ¿Consideras que la ética que rige tus valores, está basada en tu conciencia, en tus principios o en tu entorno?

Sí ☐   No ☐

2) Enumera a continuación 5 de los valores que rigen tu vida, que son inamovibles

1. _____
2. _____
3. _____
4. _____
5. _____

3) ¿Crees que la Biblia es la Palabra de Dios, y que ella puede regir siempre tu norma de fe y conducta?

Sí ☐   No ☐

4) Enumera tres principios bíblicos normativos que rigen tus valores, actitudes y acciones:

1. _____
2. _____
3. _____

5) ¿Crees que no mentir, no robar, y no codiciar, son principios inamovibles de tu vida?

Sí ☐   No ☐

Plan de acción en tu área ética y moral:

1. A continuación enumera tres principios éticos y morales nuevos que regirán tu vida:

a) _____

b) _____
c) _____

2. ¿En qué áreas de tu vida consideras que no eres 100% honesto?

a) _____
b) _____
c) _____

3. ¿Qué malos hábitos de carácter necesitas eliminar de tu vida personal y familiar?

a) _____
b) _____
c) _____

4. ¿Te has dado cuenta que en algunas áreas de tu vida tienes una ética ambivalente o circunstancial? Como por ejemplo eres puntal en tu trabajo, pero no en la iglesia. Te molestas cuando tus hijos no te obedecen, pero tu continuamente violas las leyes de tránsito, excediendo el límite de velocidad. ¿Qué planes tienes para cambiar esa doble moral?

a) _____
b) _____
c) _____

5. Ahora menciona una o dos acciones en las que no tuviste empatia, sino que únicamente pensaste en tu propia satisfacción:

a) _____
b) _____

Mis 10 metas morales más importantes

#	Metas	Fecha
1		
2		
3		
4		
5		
6		
7		
8		
9		
10		

Declaraciones éticas y morales:

1. Soy una persona, que siempre rige su vida, sus valores y sus acciones en base a los principios bíblicos de la Palabra de Dios.

2. Todos mis valores éticos y morales, de honestidad, bondad, integridad, mansedumbre, puntualidad, amor, amistad, fidelidad y confianza son inalterables,

inamovibles y vigentes en todo tiempo y circunstancia.

3. Mi vida moral y ética no es regida por las circunstancias o las modas, sino en base a los valores establecidos por Dios en lo íntimo y profundo de mi ser a través de la conciencia y que conozco como mi código de honor.

4. Siempre pienso, en todo lo bueno, lo amable, lo digno, lo de buen nombre y todos estos pensamientos rigen mis acciones y mi conducta.

5. Cada vez que voy a tomar una decisión que afecta o involucra a una tercera persona aplico la ley de oro: "Hago y trato a los demás como yo quiero que me traten y que me hagan".

C 16

El Área Social

Todo ser humano fue creado para relacionarse y convivir con seres de su mismo género y especie en completa armonía. A nivel mundial, se han confundido los valores sociales de convivencia, interacción e interrelación, lo que ha desembocado en un desenfreno de guerras, conflictos y problemas, tanto a nivel personal, como familiar y social.

La sociología es una ciencia que estudia la sociedad humana, entendida como el conjunto de individuos que viven agrupados en diversos tipos de asociaciones, colectividades e instituciones. Más concretamente, su objeto de investigación son los grupos sociales, sus formas internas de organización, su grado de cohesión y las relaciones entre ellos y con el sistema social en general. En suma: la estructura social.

La sociología tiende a la búsqueda de las interrelaciones entre los fenómenos sociales. De hecho, esta ciencia abarca aspectos de la realidad social más complejos y más vastos que las demás ciencias humanas, como la antropología, la economía, la historia, la psicología social, etc.

Todo ser humano se desenvuelve en un contexto de sociedad. La sociedad es el conjunto de individuos que comparten fines, conductas y cultura, y que se relacionan interactuando entre sí, cooperativamente, para formar un grupo o una comunidad.

Las sociedades humanas son entidades poblacionales, dentro de la población existe una relación entre los sujetos (habitantes) y el entorno, ambos realizan actividades en común y es lo que les da una identidad propia. También, sociedad es una cadena de conocimientos entre varios ámbitos, económico, político, cultural, deportivo y de entretenimiento. Además, dentro de la sociedad existen varias culturas que son creadas por el hombre, y esas culturas tienen su propio territorio para poder desarrollar una interacción acertada con los sujetos de las mismas creencias, costumbres, comportamientos, ideologías e igual habla.

Los habitantes, el entorno y los proyectos o prácticas sociales hacen parte de una cultura, pero existen otros aspectos que ayudan a ampliar el concepto de sociedad y el más interesante y que ha logrado que la comunicación se desarrolle constantemente es la nueva era de la información, es decir la tecnología alcanzada en los medios de producción, desde una sociedad primitiva con simple tecnología especializada de cazadores —muy pocos artefactos— hasta una sociedad moderna con compleja tecnología —muchísimos artefactos— prácticamente en todas las especialidades. Estos estados de civilización incluirán el estilo de vida y su nivel de calidad que, asimismo, será sencillo y de baja calidad comparativa en la sociedad primitiva, y complejo o sofisticado con calidad comparativamente alta en la sociedad industrial. La calidad de vida comparativamente alta es controvertida, pues tiene aspectos subjetivos en los términos de cómo es percibida por los sujetos.

También, es importante resaltar que la sociedad está conformada por las industrias culturales. Es decir, la industria es un término fundamental para mejorar el proceso de formación socio-cultural de cualquier territorio, este concepto surgió a partir de la Revolución Industrial, y de ésta se entiende que fue la etapa de producción en serie, el hombre inventó la maquinaria y la principal fue la máquina de la imprenta creada por Gutemberg. Entonces, los avances tecnológicos se fueron ejecutando en la sociedad en la medida en que el hombre producía más conocimiento y lo explotaba en la colectividad.

En la sociedad el sujeto puede analizar, interpretar y comprender todo lo que lo rodea por medio de las representaciones simbólicas que existen en la comunidad. Es decir, los símbolos son indispensables para el análisis social y cultural del espacio en que se encuentra el hombre y a partir de la explicación simbólica de los objetos se puede adquirir una percepción global del mundo.

Por último, la sociedad de masas (sociedad) está integrada por culturas variadas y cada una tiene sus propios fundamentos e ideologías que hacen que el ser humano sea único y se diferencie de los demás.

En el libro de los principios, cuando Dios creó el universo y después la tierra, y plantó en medio del huerto al hombre, después de cada día de creación; evaluaban su obra, y siempre el resultado era el mismo: "bueno en gran manera". Pero cuando creo al hombre, declaró: "No es bueno que el hombre este solo". Desde el inicio Dios creó al hombre como un ser social, un ser que debe convivir y relacionarse con los demás, y en todo cuanto dependa de él, esa relación debe darse en total armonía.

Las Relaciones Humanas son las encargadas de crear y mantener entre los individuos relaciones cordiales, vínculos amistosos, basados en ciertas reglas aceptadas por todos y, fundamentalmente, en el reconocimiento y respeto de la personalidad humana. Como lo dijo el conocido Benemérito de las Américas: "Entre las naciones como entre los individuos, el respeto al derecho ajeno es la paz".

Las Relaciones Públicas por su parte, buscan insertar a la organización dentro de la comunidad, haciéndose comprender, tanto por sus públicos internos como externos, de sus objetivos y procedimientos a fin de crear vinculaciones provechosas para ambas partes mediante la concordancia de sus respectivos intereses.

El término relaciones humanas es el nombre dado al conjunto de interacciones que se da entre los individuos de una sociedad, la cual posee grados de órdenes jerárquicos. Las relaciones humanas se basan principalmente en los vínculos existentes entre los miembros de la sociedad, gracias a la comunicación, que puede ser de diversos tipos: primeramente y sobre todo visual (lenguaje icónico o lenguaje de las imágenes, que incluye no sólo la imagen corporal sino también los movimientos, las señas), lingüística (lenguaje oral) en segundo término, afectiva y, también, los lenguajes creados a partir del desarrollo de las sociedades complejas: económico, político, etcétera.

Las relaciones humanas son básicas para el desarrollo intelectual e individual de los seres humanos, pues gracias a ella se constituyen las sociedades tanto pequeñas (simples, como las aldeas) como grandes (complejas, como las megalópolis). Para que pueda hablarse de "relaciones humanas" es necesario que se vinculen por lo menos dos individuos.

Para que nuestras relaciones humanas dentro de la sociedad en que nos desenvolvemos se den con plena comprensión, y armonía; y para que mantengamos una sociedad productiva, congruente y positiva, se hace inherente a las relaciones humanas una excelente comunicación.

Se puede afirmar que la comunicación no es un acto, en el sentido de que se trata de algo simple, sino que es un proceso complejo, que posee varias etapas o pasos. Efectivamente, supongamos una comunicación simple: preguntando al que esta frente a mí: ¿Cómo te llamas? Antes de formular esta pregunta tuvimos que formarnos en la mente la idea de lo que queríamos decir. Luego, hallar los vocablos que expresaron nuestro pensamiento. Después pronunciarlos o escribirlos, llegar a la vista o al oído de nuestro vecino, pasar de sus sentidos a la mente, descodificar el gráfico o sonido que le llegó, y, por último, captar o no nuestro mensaje, según que entendiera o no nuestro idioma.

Es conveniente tener presente esta aclaración previa al entrar al estudio de este tema dentro de nuestra disciplina, pues es preciso recordar las dificultades que en cualquier etapa del referido proceso comunicacional pueden surgir, haciendo fracasar el mejor concebido plan o programa. Ten presente que la única forma de relacionarse los seres humanos entre sí es a través de la comunicación y que, por tanto, no pueden existir buenas relaciones públicas si no existen buenas comunicaciones.

Nuestra comunicación se desarrolla en todas las áreas de nuestra vida y de nuestro entorno, siendo una de las principales en la familia, en el trabajo y en la sociedad. Por lo tanto mencionaremos brevemente cada una de ellas.

Cuando sólo se usa el lenguaje verbal hablamos de diálogo. Y este se da por dos formas extremas: por exceso o por defecto. Ambas, provocan distanciamiento entre padres e hijos. Hay padres que, con la mejor de las intenciones, procuran crear un clima de diálogo con sus hijos e intentan verbalizar absolutamente todo. Esta actitud fácilmente puede llevar a los padres a convertirse en interrogadores o en sermoneadores, o ambas cosas.

Los hijos acaban por no escuchar o se escapan con evasivas. En estos casos, se confunde el diálogo con el monólogo y la comunicación con la enseñanza. El silencio es un elemento fundamental en el diálogo. Da tiempo al otro a entender lo que se ha dicho y lo que se ha querido decir. Un diálogo es una interacción y, para que sea posible, es necesario que los silencios permitan la intervención de todos los participantes.

Dialogar también es Escuchar: Junto con el silencio está la capacidad de escuchar. Hay quien hace sus exposiciones y da sus opiniones, sin escuchar las opiniones de los demás. Cuando eso sucede, el interlocutor se da cuenta de la indiferencia del otro hacia él y acaba por perder la motivación por la conversación. Esta situación es la que con frecuencia se da entre padres e hijos. Los primeros creen que estos últimos no tienen nada que enseñarles y que no pueden cambiar sus opiniones. Escucha poco a sus hijos o si lo hacen es de una manera inquisidora, en una posición impermeable respecto al contenido de los argumentos de los hijos. Esta situación es frecuente con hijos adolescentes.

Estamos ante uno de los errores más frecuentes en las relaciones paterno filiales: creer que con un discurso puede hacerse cambiar a una persona. A través del diálogo, padres e hijos se conocen mejor, conocen sobre todo sus respectivas opiniones y su capacidad de verbalizar sentimientos, pero nunca la información obtenida mediante una conversación será más amplia y trascendente que la adquirida con la convivencia. Por esto, transmite y educa mucho más la convivencia que la verbalización de los valores que se pretenden inculcar. Por otro lado, todo diálogo debe albergar la posibilidad de la réplica. La predisposición a recoger el argumento del otro y admitir que puede no coincidir con el propio es una de las condiciones básicas para que el diálogo sea viable. Si se parte de diferentes planos de autoridad no habrá diálogo.

La capacidad de dialogar tiene como referencia la seguridad que tenga en sí mismo cada uno de los interlocutores. Hay que tener presente que la familia es un punto de referencia capital para el niño y el joven: en ella puede aprender a dialogar y, con esta capacidad, favorecer actitudes tan importantes como la tolerancia, la asertividad, la habilidad dialéctica, la capacidad de admitir los errores y de tolerar las frustraciones.

Comunicación eficaz en el medio laboral: Cuando hablamos de la necesidad de mejorar la productividad de la empresa, es esencial referirse al proceso de la comunicación, comprender su naturaleza e importancia que tiene en la interrelación dentro del ámbito laboral. La comunicación es fundamental para el rendimiento; cuanto más frecuente es la comunicación entre las personas, mayores son las probabilidades de que sean eficientes.

Por lo tanto una responsabilidad primaria del líder,

como de los miembros de un grupo de trabajo, consiste en alentar la comunicación y participación. Es preciso entender el concepto de comunicación como una forma de percibir y tratar a los colaboradores como una parte integral en el proceso de dirigirlos y, tratarlos como seres humanos y no como simples "Recursos Humanos".

Entonces ¿Qué es la comunicación? la comunicación es un proceso psicológico donde interactúan dos o más personas, intercambiando ideas, conceptos, opiniones, emociones y/o sentimientos, a través de signos y símbolos, tales como la palabra, tono de voz (comunicación verbal) y las señales, gestos, posturas (comunicación no verbal). Indudablemente la comunicación es básica y fundamental en el desarrollo de una persona, familia, grupo social, laboral, empresarial y de cultura. En muchas empresas se les pide a los gerentes, directores y personal en general que se preocupen por cumplir con los objetivos de la empresa, sin tomar en cuenta otras consideraciones humanas, sólo les preocupa ganar y ganar a costa de cómo sea, sin importarle las condiciones.

El principal recurso que siempre debemos atender y desarrollar es el factor humano de la organización; por lo tanto, la HERRAMIENTA DE GESTIÓN DE LA CALIDAD, que puede permitir mayor éxito al gerente, administrador, jefe de unidad administrativa, etc. es el saber trabajar con el grupo humano que tiene a su cargo. Esto implica mantener óptimas y satisfactorias relaciones humanas con los miembros que conforman la organización, a través de una constante y fluida comunicación.

Para obtener una buena comunicación el requisito previo es la confianza. Cuando tú no confías en una persona, no tienes interés en comunicarte con ella. El mayor problema de la falta de confianza es que las personas dejen de comunicarse. Cuando vemos la comunicación en todas las áreas de nuestra vida, y que hay diferentes tipos y estilos de comunicación, además de diferentes elementos de la comunicación, podemos concluir que dentro de nuestra área social, tenemos que aprender a comunicarnos con efectividad, en armonía, y relacionarnos con todos en nuestros diferentes entornos y roles que cumplimos dentro de nuestra sociedad, porque a veces tenemos el rol de padre, de esposo, de hijo, de empleado, de jefe, de cliente, de alumno, de maestro, no podemos dejar de ser sociales y socializar con todos sin alterar, ni manipular nuestros principios y valores.

Evaluación de tu área social

1	¿Mantienes una buena relación personal? ¿Has aprendido a comunicarte contigo mismo de una forma positiva?	○ Sí ○ No
2	¿La relación con tu cónyuge es excelente?	○ Sí ○ No
3	¿La comunicación que mantienes con tus hijos es completa y en total armonía?	○ Sí ○ No
4	¿Mantienes excelentes relaciones laborales, con tus compañeros y también con tus jefes?	○ Sí ○ No
5	¿Tu relación con Dios es prioritaria dentro de tu área social?	○ Sí ○ No

Si contestaste sí a cuatro de las cinco preguntas, mantienes un excelente equilibrio en tu área social. Si tienes tres o más respuestas negativas es imperativo que te conviertas en un ser más relacional en tu entorno personal, espiritual, conyugal, familiar, laboral y social.

Plan de acción en tu área social

1. Menciona tres acciones inmediatas para mejorar tu relación laboral:
a) _____
b) _____
c) _____
2. Si consideras que te cuesta relacionarte en diferentes áreas de tu vida, enumera por lo menos dos hábitos que cambiarás para mejorar:
a) _____
b) _____
3. ¿Crees que es necesario tomar cursos, leer libros, pedir consejos para que te ayuden a ser 100% efectivo en tu área social?
_____
_____

4. Si contestaste que sí, a la pregunta anterior, enlista un libro, un curso y el nombre de la persona a la que le pedirías consejo para mejorar tus relaciones y comunicación:
a) _____
b) _____
c) _____
5. Siendo seres tripartitos (Espíritu, alma y cuerpo) ¿En qué área crees que te estás descuidando más? Y ¿Qué propones

hacer a partir de hoy para superar esa deficiencia?
_____
_____

Mis 10 metas sociales más importantes

	Metas	Fecha
1		
2		
3		
4		
5		
6		
7		
8		
9		
10		

Declaraciones sociales:

1. Soy una persona muy sociable. Me relaciono fácilmente conmigo mismo, con mi creador, con mi cónyuge, con mis hijos, con mis compañeros y jefes de trabajo, con mis vecinos y con toda persona que se relaciona conmigo.

2. Soy totalmente aceptable por todos. No soy rechazable y la autoestima que mantengo de mí mismo es la correcta.

3. He creado todos los canales correctos de comunicación en todas las áreas de mi vida.

4. Mantengo en alta estima a todo ser humano, ya que cada uno de ellos representa a Dios, su bondad y su confianza.

5. La relación primordial que mantengo con mi Creador es placentera, y como soy plenamente amado por Él, puedo amar a todos los seres humanos.

C 17

El Área Ministerial o Tu Razón de Ser

No podíamos terminar este libro sin mencionar que cada ser humano que nace es la voz de Dios, diciendo a toda la humanidad: "que todavía confía en nosotros". El gran problema es que la mayoría de los seres humanos, viven como muchos de los seres vivientes: nacen, crecen, se reproducen y mueren.

Todo hombre y toda mujer tienen un destino determinado por el Eterno, no cambia jamás el propósito para el cual fue creado. Cada uno de nosotros cuando fuimos creados, fuimos dotados de todos los talentos dones y habilidades suficientes para enfrentarnos a nuestro destino y cumplirlo completamente.

En el libro de Pr.22:6; dice: *"Instruye al niño en su camino, y aún cuando fuere viejo no se apartará de él"* La mayoría dentro del contexto cristiano, interpretan este versículo, como refiriéndose a instruir a los hijos en el camino de Dios, en su devoción personal hacia el Señor Jesucristo. En cierto sentido es verdad; pero este pasaje bíblico va más allá de esta meta u objetivo. Se refiere a instruir a cada hijo, a cada niño en el camino que Dios desde la eternidad trazó para él. A cumplir su destino, cumplir con su cometido, lograr realizar su misión y alcanzar su sueño.

Ningún ser humano nació, porque falló el método anticonceptivo, y aunque no todos al nacer fueron bien recibidos, algunos no eran deseados, muchos no fueron planeados por sus padres. Otros nacieron en circunstancias adversas. Todos y cada uno de ellos, nació con un destino trazado por Dios, el Inmutable, el Eterno, el Todopoderoso. Ninguno nació fuera del control absoluto de Dios, ningún nacimiento tomó por sorpresa al Shadai. Y como todos nacimos en los planes eternos del Creador. El elaboró un plan eterno, y perfecto para nosotros. Veamos algunos ejemplos:

A José, Dios lo destinó no para soñar, ni para interpretar sueños, sino para reinar, para gobernar, y Él cumplió su destino después de 14 años de pruebas, de vituperios, de luchas, angustias y sinsabores, pero siempre confió en Dios, y en que llegaría a cumplir su sueño. Él desde muy joven descubrió su razón de ser, su destino su sueño supremo: Reinar. Él entendió que fue creado con ese propósito.

Moisés fue creado con el firme propósito de liberar al pueblo de Israel de la esclavitud de Egipto. Le llevó 80 años entender su destino, pero al final lo cumplió con éxito, sacó con mano poderosa a la nación de Israel, del yugo egipcio.

David, el dulce cantor de Israel, fue creado, fue ungido y fue llamado para Reinar y liberar totalmente a su pueblo de toda amenaza de sus enemigos.

A Jeremías, Dios mismo le dijo en el capítulo uno del libro que lleva su nombre, que él había sido destinado y comisionado como profeta a las naciones.

Varios de ellos en su camino hacia su destino, tuvieron tropiezos, cometieron errores, se desviaron un poco, pero esa razón de ser impregnada en sus tuétanos, en su piel, en su corazón, no les dejaba tranquilo, no les permitía hacer otra cosa que cumplir su destino.

Pablo en ese tiempo Saulo de Tarso, tuvo un encuentro personal con el Señor Jesucristo; y cuando fue enviado Ananias para orar por él; le dijo: *"Ve, porque instrumento escogido me es éste. Para llevar mi nombre en presencia de los gentiles, y de los reyes, y de los hijos de Israel; porque yo le mostraré cuánto le es necesario padecer por mi nombre"* (Hch. 9:15,16) Ese fue su destino, esa fue la razón por la cual fue creado, y lo cumplió a cabalidad, letra por letra.

Cristo mismo tuvo un destino, un tiempo para nacer,

un propósito que cumplir, un sueño que realizar. No era hacer milagros, tampoco era hacer discípulos, no fue escribir libros, ni realizar campañas evangelísticas. Es más ni siquiera era llegar al trono. Su gran destino, su meta, su razón de ser, era redimir a la humanidad, morir en la cruz por mis pecados y por los tuyos. Para cumplir con su destino y alcanzar su sueño supremo, él tenía que ir a la cruz. Él quiso evitarlo, y casi todos hemos oído, visto o participado de alguna celebración en donde se dramatiza la pasión de Cristo, y ahí vemos como en el huerto del Getzemaní, sudó gotas de sangre por todo el sufrimiento que estaba llevando a cuestas.

Pero ese sufrimiento en él fue permanente, fue todo el tiempo que el vivió sobre la faz de la tierra. En Heb. 5:7,8 dice: *"Y Cristo, en los días de su carne, ofreciendo ruegos y súplicas con gran clamor y lágrimas al que le podía librar de la muerte, fue oído a causa de su temor reverente. Y aunque era hijo, por lo que padeció aprendió la obediencia:"* Él quería evitar a toda costa ir a la cruz, pero sabía que ese era su destino, esa era su misión, ese fue su razón de ser. Ese fue el plan eterno de la encarnación del Dios trino haciéndose hombre. Pero también entendía, que no había otro medio a través del cual el hombre pudiera ser redimido, así que doblegaba su voluntad todos los días, y declaraba que Dios hiciera su voluntad en Él, para cumplir de esa forma con su destino eterno. Alcanzar su sueño: redimir a toda la raza humana.

El tiempo me faltaría para hablarte de tantos hombres y mujeres a través de toda la historia humana, que en Dios cumplieron su destino, realizaron sus sueños, cumplieron su propósito eterno. Lo más triste del ser humano es llegar al final de los días y no conocer la razón de ser que tenemos.

Algunos le llaman, misión, otros razón de ser, algunos más ministerio, otros fuerza motivadora, probablemente para ti sea un sueño supremo. El nombre no importa, entenderlo, conocerlo y cumplirlo es lo más importante.

Guillermo Carey, descubrió su máximo sueño, y el decía: *"Mi misión es predicar el evangelio, remiendo zapatos para sufragar los gastos"* Con esa mentalidad el llegó a la India, y cumplió su ministerio a pesar de todas las vicisitudes que enfrentó, su esposa enloqueció y después murió. Los primeros 8 años no tuvo ningún convertido bajo su ministerio, pero cumplió su misión, realizó su destino y alcanzó su sueño.

Durante los cuarenta y un años que Carey pasó en la India, no visitó Inglaterra. Hablaba con fluidez más de treinta lenguas de la India; dirigía la traducción de las Escrituras en todas esas lenguas y fue nombrado para realizar la ardua tarea de traductor oficial del gobierno. Escribió varias gramáticas hindúes y compiló importantes diccionarios de los idiomas bengalí, maratí y sánscrito. El diccionario bengalí consta de tres volúmenes e incluye todas las palabras de la lengua, con sus raíces y origen, y definidas en todos los sentidos.

Durante más de treinta años Carey fue profesor de lenguas orientales en el Colegio de Fort Williams. Fundó también el Colegio Serampore para enseñar a los obreros. Bajo su dirección el colegio prosperó, y desempeñó un gran papel en la evangelización del país. Al llegar a la India, Carey continuó los estudios que había comenzado cuando era niño. No solamente fundó la sociedad de agricultura y horticultura, sino que también creó uno de los mejores jardines botánicos; escribió y publicó el Hortus Bengalensis. El libro Flora Índica, otra de sus obras, fue considerada una obra maestra por muchos años. Pero jamás perdió su destino, nunca se desvío de su brújula, siempre luchó por alcanzar su sueño: "la predicación del evangelio".

Los sueños son los que nos ayudan a seguir adelante, a cada uno de nosotros Dios nos ha dado algo especial porqué luchar, una persona sin sueños, es una persona que no ha entendido porqué Dios la ha llamado. Cuando los sueños quieren ser robados por el enemigo es ahí donde debemos poner una posición de no dejarnos vencer. Es por ello que queremos ayudarte en primer lugar a cómo descubrir tu ministerio, tu razón de ser, tu misión, tu sueño. Tienes que entender el propósito para el cuál fuiste creado.

Cuando entiendes, reconoces y luchas por lograr cumplir con tu destino, y realizarte así plenamente, tienes que entender que todas las demás áreas de tu vida están supeditadas a tu razón de ser. Es entonces cuando te conviertes en una persona de éxito, en un padre, esposo o miembro de familia ejemplar. Un excelente jefe o empleado, un verdadero hijo de Dios, un excelente economista, es cuando sabes cuidar tu cuerpo, a tu familia, tu relación con Dios, con la sociedad, con tus hijos. Es entonces cuando aprendes a valorar el amor, la relación, la comprensión, la armonía.

Es ahí cuando ves que todo el rompecabezas de tu vida está completo, todo entonces cobra sentido, tu vida tiene un valor intrínsico que no lo cambiarías por nada. Es más aún las experiencias amargas y que algunos llaman fracasos, comienzan a tener sentido en tu razón de ser, en tu destino, en tu sueño. Valoras cada experiencia pasada de tu vida; porque ha dejado en tu ser una profunda enseñanza, y forma parte de todo el proyecto eterno de Dios, para el cual Él te creo a ti en este tiempo, para este momento, en este lugar.

La palabra casualidad cobra otro sentido, entiendes que nada hay casual, el otro día escuché esta definición de casualidad: *"Es cuando Dios hace algo, pero quiere pasar como anónimo"* Entiendes que en Dios, en tu destino y en la realización de tus sueños no hay casualidades, que aún los mínimos detalles han sido orquestados y planeados por Dios, para que tú cumplas tu propósito, alcances tu destino y logres tu sueño.

Analicemos la vida de Cristo a la luz de estas declaraciones, y observemos que todas sus áreas estaban íntimamente ligadas y entrelazadas en el cumplimiento de su razón de ser, de su propósito, de su ministerio, de su misión, de la realización de su sueño: "La redención de la humanidad".

En el área espiritual. Él pasaba las noches enteras

en plena comunión con su Padre Dios, de tal manera que cuando el oraba decía: *"Padre, yo sé, que siempre me oyes"* ¡Qué seguridad! ¡Qué aplomo! ¡Qué determinación! Jamás descuido esta área. Era la fuente de poder sobrenatural para cumplir con su destino eterno.

En el área familiar. Hasta los 30 años de edad estuvo supeditado a la autoridad de José y de María. Recuerdas a los doce años, cómo cuando su Padre terrenal le buscó, le explicó que estaba en los negocios de su Padre Dios, pero se sujetó, y se regresó con ellos a su casa.

Después cuando están en las bodas de Caná de Galilea, hace su primer milagro en sometimiento a su madre, ya que él todavía no iniciaba su ministerio público. Y por último, pero no menos importante al estar en la cruz del calvario, ya para morir, encarga a su madre con su discípulo amado, cuando le dice: *"hijo, he ahí tu Madre, madre he ahí tu hijo"*. Tampoco descuido esta área, ni la menosprecio en ningún momento.

En el área física y de salud. Jamás enfermó, no está registrado en ninguno de los evangelios alguna confesión de una enfermedad o de un quebranto de salud, de estrés o de locura. Siempre se mantuvo sano y en optimas condiciones físicas. Caminaba mucho y continuamente. Su condición física le permitió soportar todo el castigo físico antes de morir en la cruz del calvario.

En el área intelectual. vemos que él se capacitó para ser un rabino, leía la Torah y conocía la ley. Era totalmente versado en ella. Una muestra de eso, es que cuando se enfrentó a la tentación de Satanás, Jesús le respondió con tres versículos del libro de Deuteronomio.

En el área profesional. Era rabino, y como tal cada sábado entraba a la sinagoga, conocía el idioma hebreo, el griego y el arameo. Como profeta conocía las profecías y el corazón de los hombres. Como apóstol conocía a sus discípulos, como evangelista siempre enseñó, predicó y demostró con sus obras y milagros el evangelio del Reino de Dios, sanó enfermos, levantó muertos, sanó paralíticos, dio vista a los ciegos y como pastor, sanó a los quebrantados de corazón y dio su vida por las ovejas. Estaba totalmente actualizado y versado en cada una de las cinco áreas profesionales de su vida.

En el área de recreación y esparcimiento. muchas veces tenemos el concepto de que Cristo era muy aburrido, muy sistemático y muy monótono. Pero el Señor Jesucristo era una persona con mucho humor, ponía apodos: a Simon le puso Pedro (Roca, piedra) y ya nos imaginamos porque, ¿verdad? A Jacobo y a Juan les puso Boanerges, (los hijos del trueno) así sería su carácter... Usaba el sarcasmo, y la ironía, el pleonasmo, la alegoría y las parábolas para enseñar. Iba de lo conocido a lo desconocido, de lo material a lo espiritual. Confrontaba, alentaba, exhortaba y juzgaba según el caso de cada persona.

¿Quién podía estar aburrido escuchando sus enseñanzas? Descansó en medio de una tormenta, caminó sobre las aguas, ¿no crees que seria divertido? Celebraba con sus discípulos las fiestas: de la pascua, de las primicias, de los tabernáculos, asistía a bodas, viajaba de una región a otra, montó un burro, navegó en un barco, caminó sobre el mar, bendecía a los niños, confrontaba a los fariseos, y levantaba la dignidad de las mujeres, de los samaritanos, de las prostitutas, de los leprosos, de los publicanos. ¿Cuándo te ibas a aburrir con él?

En el área económica. era un empresario, todos sus discípulos dependían económicamente de Él. Tenía un tesorero y un consejo ejecutivo, tenía colaboradoras y contribuyentes. Y dedicó una tercera parte de sus enseñanzas a departir sobre el dinero. Se preocupaba por los pobres y los alimentaba, los sanaba y les ministraba. Inclusive pagó sus impuestos y los de su discípulo Pedro. Era íntegro en el manejo de sus finanzas.

En el área moral y ética. Nadie pudo acusarlo de una falta moral o ética, de algún pecado. El mismo Poncio Pilato reconoció y dijo: *"No hallo pecado alguno en este hombre"*. El mismo Satanás iba contra Cristo, pero no hallaba nada en Él, para acusarlo, para atormentarlo, para condenarlo. Fue tal su carácter que influyó dramáticamente a doce hombres que estuvieron dispuestos a dar la vida por él, siguiendo sus patrones de conducta y predicando el evangelio del reino de los cielos.

En el área social. Se relacionó siempre con éxito en todas las áreas de su vida, habló con principales de la ley, como Nicodemo, con ricos como José de Arimatea, reconcilió a Judíos con Samaritanos, se comunicó con mujeres, con hombres, con niños, con leprosos, con soldados, con siervos, con patrones. Se comunicó con los ángeles, ellos llegaron inclusive a servirle, con los demonios y con Satanás mismo, les confrontó y les derrotó, y a los demonios les echaba fuera a los lugares desérticos. Y qué decir de sus discípulos, los conocía en todo, supo quién le iba a negar, mencionó al que le iba a entregar, pero siempre siguió confiando en ellos. Fue un excelente hijo, un extraordinario líder, un maestro por excelencia.

Como mencionamos al inicio de este capítulo, el conoció su destino, pero nunca descuidó ninguna de las demás áreas de su vida. Cumplió su destino, logró su propósito, alcanzó su sueño. Todas las áreas de la vida de Cristo estaban totalmente relacionadas y entrelazadas con su misión, con su razón de ser, con su plan de redención eterna para la humanidad.

De la misma forma, cuando encuentras tu destino, supeditas todas tus demás áreas a tu razón de ser (Tu ministerio) sin menoscabar ninguna de ellas, y sin sobreponer una encima de la otra, sino logrando que en cada una de ellas, logres alcanzar tus sueños, y ninguno de ellos se contrapone a tu misión, a tu razón de ser a tu ministerio, sino que una a la otra se complementan.

¿Como conocer tu razón de ser, tu misión, tu destino?

No importa la edad que tengas, y probablemente nunca antes te habías puesto a pensar o dilucidar sobre esto. Pero nunca es tarde para iniciar, para establecer tu meta esencial que determina tu razón de ser.

Lo primero que debes hacer es orar, es simple y sencillo, pero qué difícil es aplicarlo a veces, pregúntale a tu Creador, el motivo de tu creación. Quién mejor que el diseñador para mostrarte tu destino, para enseñarte tu misión y para capacitarte para alcanzar tu sueño.

En segundo lugar haz una lista de todos aquellas cosas que te gustan hacer, realiza un inventario de tus dones, habilidades, capacidades y talentos naturales y adquiridos que tengas en tu haber. Porque Dios te va a pedir que uses lo que tienes, y en medio del proceso, lo que te haga falta, se te irá añadiendo o lo irás adquiriendo según se vaya requiriendo para lograr cumplir tu destino eterno.

Como tercer punto, elabora una lista de lo que siempre has querido ser, o hacer, se vale soñar y hay que soñar en grande, mas allá de tus capacidades, ya que tienes a un Dios ilimitado, sobrenatural, todopoderoso y que está poniendo todos los recursos que Él tiene a tu alcance para que logres la realización de tus sueños.

Seguramente a estas alturas ya habrás escrito bastante, porque debes hacer un autoanálisis profundo de lo que eres, de lo que tienes y con lo que cuentas. *Para así pasar al cuarto paso*.

Escribe en un papel en grande tu razón de ser, tu misión, tu destino, tu sueño. Léela todas las noches antes de acostarte, al levantarte, al tomar un receso, porque debes creerla con todas las fuerzas de tu ser, con todas tus emociones y sentimientos, debes leerla hasta que la respires, la sudes, la comas, la sueñes. Hasta que se encarne en todo tu ser, y hagas entonces lo que tienes que hacer para lograr alcanzar tu sueño.

Ahora como quinto paso en la realización de tus sueños. Calendariza tus actividades, los pasos que vas a realizar para que cumplas tu destino, escribe una a una tus metas a corto, a mediano y a largo plazo, con fechas topes, y con objetivos específicos, claros y concretos.

El sexto paso es igual de importante, en medio de esta planificación y calendarización haz una lista de los recursos intelectuales, morales, económicos, sociales, físicos, espirituales, profesionales o familiares que necesitas adquirir para la realización de este gran sueño.

Y como séptimo y último paso. ACTUA, muévete hacia la realización de tu sueño. Lucha por él, no des lugar al desánimo, ni a la depresión. No permitas que las circunstancias o que tus propios pensamientos o los de otros, detengan el cumplimiento de tu visión. Si tú no actúas nadie lo va a poder hacer por ti, recuerda que para eso fuiste diseñado por el Creador Eterno, el Inmutable y el Todopoderoso. Él no se equivocó al poner esa marca en tu corazón, esos pensamientos en tu mente, al inundar tu piel con ese sueño, al marcar con esa meta tu destino. El día que Dios se equivoque dejará de ser Dios, pero Él es el mismo de ayer, de hoy y por todos los siglos. Él cree en ti, confía en ti, y te ha capacitado a ti para que llegues a feliz término y logres cumplir tu destino alcanzando tus sueños.

Evaluación en tu área ministerial

1) Escribe tu misión, visión, meta, destino, ministerio, razón de ser o sueño:

_____
_____
_____
_____

Si lograste escribir tu razón de ser, puedes pasar al siguiente paso, si no lo has hecho, no te muevas de este lugar (en el libro) hasta que lo hagas. Ya que sería un gran fracaso haber leído todo el libro, sin entender cuál es tu misión, tu sueño, tu destino. Recuerda que tú no naciste por azar del destino, sino por voluntad perfecta de Dios, con un plan y propósito eterno que ha marcado tu razón de ser.

Plan de acción en tu ministerio: Tu razón de ser.

Aquí escribe tu calendario de actividades que vas a realizar para lograr cumplir tu destino. Los hábitos que necesitas dominar para alcanzar tu sueño. Las habilidades, dones, y talentos que necesitas adquirir en el cumplimiento de tu misión. Los libros que vas a leer, los cursos que vas a recibir y los seminarios en los que vas a participar, para llegar más rápido y seguro a tu meta. Enumera por lo menos diez:

Plan de Acción Ministerial

1. Actividades
   a) _____ b) _____
2. Hábitos
   a) _____ b) _____
3. Habilidades, Dones y Talentos
   a) _____ b) _____
4. Libros
   a) _____ b) _____
5. Cursos y Seminarios
   a) _____ b) _____

Mis 10 metas ministeriales más importantes

#	Metas	Fecha
1		
2		
3		
4		
5		
6		
7		
8		
9		
10		

Declaraciones ministeriales o de mi razón de ser:

1. Dios me creó con un destino perfecto, eterno, y con un plan determinado. No nací por azar del destino, ni por error. Yo nací con una marca indeleble en mí ser que me lleva a cumplir mi destino.

2. Yo fui creado para cumplir este propósito, alcanzar este sueño y cumplir este destino: (escribe tu razón de ser) _____

_____
_____
_____

3. Tengo todas las habilidades, capacidades, talentos, dones, y recursos para cumplir con mi destino, para alcanzar mis sueños y para dejar huella de mi paso por este mundo.

4. Soy una persona realmente significativa, porque tengo un destino que cumplir, una misión que realizar y un sueño que cumplir. Y todos los que me rodean iniciando con mis seres queridos (mi esposa e hijos) forman parte de ese destino eterno.

5. Todo lo que me ha ocurrido, bueno o malo, difícil o fácil, forma parte de mi destino. Porque a los que aman a Dios, todas las cosas les ayudan para bien, esto es a los que conforme a su propósito han sido llamados. Y yo fui llamado, marcado y destinado para tener éxito en la misión que me fue encomendada.

C 18

Cuando El Camino Se Pone Difícil

Todo camino al éxito enfrenta fracasos; pero el propósito de cada uno de ellos es enseñarnos. No importa qué tanto hayamos planeado, no siempre salen las cosas como hemos pensado.

Todas las personas que han tenido éxito, han enfrentado fracasos. Pero cada tropiezo debe hacer levantarnos como mejores personas. Debemos aprender a responder con positivismo a los fracasos para reiniciar de nuevo.

No es cuántas veces te caes, sino cuántas te levantas. Siete veces caerá el justo, pero el Señor le levanta. Eso trae a mi mente el poema de Rudyard Kipling:

Cuando vayan mal las cosas,
como a veces suelen ir;
cuando ofrezca tu camino
sólo cuestas que subir;
Cuando tengas poco haber,
pero mucho que pagar,
y precises sonreír
aun teniendo que llorar;
cuando el dolor te agobie
y no puedas ya sufrir,
descansar acaso debes...
¡pero nunca desistir!
Tras las sombras de la duda,
ya plateadas, ya sombrías,
puede bien seguir el triunfo,
no el fracaso que temías;
y no es loable a tu ignorancia,
figurarte cuán cercano
puede estar el bien que anhelas
y que juzgas tan lejano.
Lucha, pues, por más que tengas
en la brega que sufrir...
¡Cuando todo esté peor,
más debemos de insistir!

Qué hermoso poema, que nos reta, nos confronta y nos motiva a jamás darnos por vencidos. Ya que hay ocasiones en que no calculamos bien el tiempo o los recursos que vamos a necesitar, o aún planeándolo todo específicamente y con objetivos bien claros, simplemente no obtenemos los resultados esperados. Debemos prepararnos también para enfrentar el fracaso. Enfrentándolo con determinación, y con positivismo, para que podamos derrotarlo. Aquí lo más importante es la actitud.

Todo niño para aprender a caminar se cae muchas veces. *"La vida o es una hermosa y osada aventura o no es nada"* dijo **Helen Keller**. Y tú determinas con tus acciones y actitudes lo que la vida representa para ti. Tu sentido de realización tiene mucho que ver en cómo respondes a las situaciones de éxito y de fracaso que enfrentas.

Tomás A. Edison fracasó 10,000 veces antes de inventar el foco. Abraham Lincoln, tuvo una decena de reveses políticos antes de triunfar en su candidatura que lo llevaría a ocupar la silla presidencial de los Estados Unidos de América. Richard Big recibió más de 15 rechazos editoriales antes de publicar su obra Juan Salvador Gaviota. No debes darte por vencido al enfrentar los fracasos. No dejes que el temor o las dudas te paralicen. Recuerda lo que dice este poema anónimo sobre el fracaso:

Fracaso no significa que estemos derrotados:
significa que hemos perdido sólo una batalla.
Fracaso no significa que no hemos logrado nada:
significa que hemos aprendido algo,
No significa que hemos sufrido el descrédito:
significa que estuvimos dispuestos a ensayar.
No significa falta de capacidad:
Significa que debemos hacer las cosas de una manera diferente.
Fracaso no significa que somos inferiores:

Significa que no somos perfectos.
No significa que hemos perdido nuestra vida:
significa que tenemos buenas razones para empezar de nuevo.
No significa que debemos echarnos atrás:
significa que debemos luchar con mayor ahínco.
Fracaso no significa que jamás lograremos nuestras metas.
Significa que tardaremos un poco en alcanzarlas.
Fracaso no significa que Dios nos ha abandonado:
significa que Dios ¡tiene una idea mejor!

Recuerda siempre que el fracaso no es importante; a menos que sea la última vez que lo vas a intentar, como dice Orison Swett Marden: *"No se sale adelante celebrando éxitos sino superando fracasos"*.

El fracaso sólo es un contratiempo breve en el camino al éxito. Toda historia de éxito, es una historia de adversidad; pero con una motivación a toda prueba para llegar a triunfar.

La derrota o el fracaso temporal deberán significar una sola cosa, el conocimiento de que hay algo malo con su plan. Millones de hombres atraviesan la vida en miseria y pobreza, por que les falta un plan sólido con el cual pueden acumular fortuna o lograr el éxito en lo que se proponen.

Henry Ford acumuló una fortuna, no por su mente superior, sino por que adoptó y siguió un PLAN que probó ser sólido. Se pueden señalar a mil hombres, cada uno con mejor educación que la de Ford, sin embargo, cada uno vivía en pobreza por que no poseían el plan CORRECTO para lograr alcanzar sus sueños.

Tus logros no pueden ser más grandes que la solides de tus planes. Esto puede parecer una declaración axiomática, pero es cierto. Samuel Insull perdió su fortuna de más de cien millones de dólares. La fortuna de los Insull fue creada con planes que eran sólidos. La depresión de los negocios forzó al Señor Insull a *cambiar sus planes;* y *el cambio* trajo consigo la "derrota temporal," por que su nuevo plan NO era *sólido*. El señor Insull es ahora un hombre viejo, él puede aceptar consecuentemente "el fracaso" en cambio de "derrota temporal," pero si su experiencia se torna en *fracaso*, será por la razón que carece del fuego de la *persistencia* para reconstruir sus planes.

James J. Hill se encontró en derrota temporal cuando hizo su primer esfuerzo de recaudar el capital necesario para construir un tranvía desde el este al oeste, pero él, también cambió la derrota en victoria a través de la creación de nuevos planes.

Henry Ford se encontró en derrota temporal, no solamente al principio de su carrera automovilista y aún después cuando había llegado al tope. Él generó nuevos planes y fue marchando hacia la victoria financiera.

Nosotros vemos hombres que han acumulado grandes fortunas, usualmente reconociendo solamente su triunfo e ignorando las derrotas temporales que tenían que superar antes de llegar. *Ningun seguidor de esta filosofía puede esperar razonablemente acumular fortuna sin experimentar "derrota temporal".* Cuando viene la derrota, acéptala como una señal, de que tus planes no son sólidos, reconstruye esos planes y embárcate otra vez hacia tu meta codiciada. Si te rindes antes de que tu meta haya sido alcanzada, tú eres un "perdedor".

> *Un perdedor nunca gana; Un ganador nunca se rinde*

Destaca esta frase, escríbela en un pedazo de papel en letras de una pulgada de alto y colócalo en donde lo veas todas las noches antes de acostarte a dormir y cada mañana antes de ir al trabajo.

Según Napoleón Hill, hay treinta causas principales por las que una persona fracasa y sólo una de ellas tiene una difícil solución, pero si es probable, todas las demás tienen que ver con un cambio de actitud, un cambio de planes y un cambio de estrategias.

Las 30 causas mayores de fracasos
¿Cuántas de éstas te están reteniendo?

La tragedia más grande en la vida, consiste en hombres y mujeres que tratan seriamente y ¡fallan! La tragedia radica en la abrumadora gran mayoría de personas que fracasan, comparado con los pocos que logran el éxito. Al repasar la lista, analízate a tí mismo, punto por punto, con el propósito de descubrir cuántas de estas causas de fracasos se detienen entre tu y tu éxito.

1. Antecedente hereditario no favorable. Hay poco, sí algo, que se puede hacer con personas que han nacido con una deficiencia de poder cerebral. Esta filosofía ofrece solamente un método como puente para esta debilidad a través de la ayuda de una mente superior. Observe, que sin embargo, esta es la ÚNICA de las treinta causas del fracaso, la cual no puede corregirse fácilmente por un individuo.

2. Falta de un propósito bien definido de la vida. No hay esperanza de éxito para la persona que no tiene un propósito central, una meta definida que alcanzar.

3. Falta de ambición para apuntar encima de la mediocridad. Nosotros no ofrecemos esperanza para la persona que está indiferente; que no quiere seguir adelante en la vida y que no está dispuesto a pagar el precio.

4. Educación insuficiente. Esto es un impedimento que puede ser superado con relativa facilidad. La experiencia ha probado que las personas mejor educadas son usualmente aquellas conocidas como "autodidactas." Eso toma más que un grado de universidad para hacer a una persona educada. Cualquier persona que es educada es aquella que ha aprendido a obtener cualquier cosa que él quiere en la vida, sin tener que violar los derechos de los demás. La educación depende, no tanto del conocimiento, sino de conocer como *aplicarlo* efectiva y persistentemente.

5. Falta de auto disciplina. La disciplina llega a través del auto control. Esto significa que uno debe controlar todas las cualidades negativas. Antes que puedas controlar las condiciones, debes primero controlarte a tí mismo. El control de tí mismo, es el trabajo más duro que jamás habrás enfrentado. Si tú no te conquistas a tí mismo, tú serás conquistado por tí mismo. Al ponerte al frente de un espejo, puedes ver a la vez a ambos, a tu amigo y tu más grande enemigo.

6. *Mala salud.* Ninguna persona puede disfrutar el excepcional éxito sin buena salud. Muchas de las causas de mala salud están sujetas al dominio y control:

a. Comer excesivamente alimentos no convenientes para la salud.

b. Malos hábitos de pensamiento; dando expresiones negativas.

c. Mal uso y sobre complacencia de sexo.

d. Falta de ejercicios físicos apropiados.

e. Un inadecuado suministro de aire fresco, debido a una respiración inapropiada.

7. *Influencias ambientales desfavorables durante la infancia.* "Árbol que crece torcido jamás sus ramas enderezan." La mayoría de las personas que tienen tendencias criminales las adquiere como resultado de un mal ambiente y asociaciones inapropiadas durante la infancia. Pero esto también se puede cambiar, porque el que está en Cristo, nueva criatura es, las cosas viejas pasaron y todas son hechas nuevas.

8. *Dejar las cosas para el último momento.* Esta es una de las causas más comunes del fracaso. "El hacer las cosas a última hora como el hombre viejo" asecha la sombra de cada ser humano, esperando su ocasión de echar a perder las oportunidades de éxito de uno. La mayoría de nosotros atravesamos la vida como fracasados, por que estamos esperando "el tiempo correcto" para comenzar a hacer algo que valga la pena. No espere, este tiempo nunca será "justamente apropiado." Comience donde está y trabaje con los materiales disponibles que tenga a mano y mejores herramientas serán encontradas en el transcurso del camino.

9. Falta de persistencia. La mayoría de nosotros somos buenos "comenzando" pero pobres "finalizando" de todo lo que comenzamos. Aún más, las personas tienden a rendirse a la primera señal de derrota. No hay ningún substituto para *persistencia.* La persona que hace de la *persistencia* su lema, descubre que "las fallas del hombre viejo" finalmente cansan y se van. El fracaso no puede hacerle frente a la *persistencia.*

10. Personalidad negativa. No hay ninguna esperanza de éxito para la persona que repela a las personas a través de una personalidad negativa. El éxito viene mediante la aplicación de PODER y el poder es obtenido a través de los esfuerzos cooperativos de otras personas. Una personalidad negativa no inducirá a la cooperación. Cambia tu personalidad.

11. Falta de control de impulsos sexuales. La energía sexual es la más poderosa de todos los estímulos que mueve la gente hacia la ACCIÓN. Como es una de las emociones más poderosas, debe ser controlada a través de la transmutación y canalizarla correctamente.

12. *Deseo incontrolado de "algo para nada."* El instinto de juegos de azar conduce a millones de personas al fracaso. La evidencia de esto se puede encontrar en el estudio de la caída de Wall Street del 29, en el cual millones de personas trataron de hacer dinero apostándole a los márgenes de las acciones de bolsa.

13. *Falta de un bien definido poder de decisión.* Los hombres que tienen éxito toman decisiones rápidamente y si acaso las cambian muy lentamente. Los hombres que fallan, toman decisiones muy lentamente y las modifican frecuente y rápidamente. La indecisión y hacer las cosas a última hora, son hermanas gemelas. Cuando una se encuentra, la otra tal vez puede encontrarse también. Deshazte de este par antes que ellos te "aten de pies y manos" completamente y te lleven a la rutina del *fracaso.*

14. *Uno o más de los 6 miedos básicos.* Miedo a la muerte, miedo a los cambios, miedo a la soledad, miedo al fracaso, miedo al éxito y miedo a lo desconocido. Estos deben ser dominados antes que puedas mercadear tus servicios personales efectivamente.

15. *Selección equivocada de una pareja en el matrimonio.* Esta es la causa más común del fracaso. La relación del matrimonio trae personas íntimamente en contacto. A menos que esta relación sea armoniosa, el fracaso seguramente seguirá. Aún más, es una forma de fracaso que está marcada por la miseria e infelicidad, destruyendo toda señal de *ambición*.

16. Excesiva precaución. La persona que no toma riesgos, usualmente tiene que tomar lo que sobra cuando los otros han terminado de decidir. La excesiva precaución es tan mala como la poca precaución. Ambas son extremos de resguardarse en contra. La vida en sí esta llena de elementos de riesgo.

17. Mala selección de socios en los negocios. Esta es una de las causas más comunes del fracaso en los negocios. En el mercadeo de servicios personales, uno debería tener gran cuidado en seleccionar un empleador quien será una inspiración y quien es el mismo, inteligente y exitoso. Nosotros imitamos a aquellos con quienes nos asociamos cercanamente. Escoja un empleador que valga la pena imitar.

18. Superstición y prejuicio. La superstición es una forma de temor. Es también una señal de ignorancia. Los hombres que son exitosos mantienen una mente abierta y no le tienen miedo a nada.

19. Mala selección de una vocación. Ningún hombre puede ser exitoso esforzándose en una rama la cual a él no le gusta. El paso más esencial en el mercadeo de servicios personales es el de seleccionar una ocupación en la cual usted puede entregarse de todo corazón.

20. Falta de concentración de esfuerzo. "El hombre orquesta" rara vez es bueno en algo. Concentre todos sus esfuerzos en una META DEFINIDA.

21. El hábito de gastar indiscriminadamente. El que mal gasta el dinero, no puede ser exitoso principalmente por que se mantiene eternamente con **miedo de la pobreza**. Forme el hábito de ahorrar sistemáticamente poniendo aparte un porcentaje definido de su ingreso. El dinero en el banco le da a uno, una base muy segura de *valor* cuando se está negociando la venta de servicios personales. Sin dinero uno debe tomar lo que a uno le ofrecen y estar contento de recibirlo.

22. Falta de entusiasmo. Sin entusiasmo uno no puede ser convincente. Por otra parte, el entusiasmo es contagioso y la persona que lo tiene bajo control, es generalmente bienvenida en cualquier grupo de personas.

23. Intolerancia. La persona con mente "cerrada" en cualquier tema raramente sigue adelante. La intolerancia significa que uno ha dejado de adquirir conocimiento. La manera más dañina de intolerancia es la relacionada con religión, raza y diferencia de opinión política.

24. Intemperancia. La manera más dañina de intemperancia está conectada con las comidas, bebidas fuertes y actividades sexuales. El abuso en cualquiera de estas, es fatal para el éxito.

25. Inhabilidad para cooperar con otros. Muchas personas pierden sus posiciones y sus oportunidades en la vida más por esta falla que por otras razones combinadas.

Es una falla que un hombre de negocios bien informado o líder, no toleraría.

26. Posesión de poder que no fue adquirido a través de su propio esfuerzo. (Hijos e hijas de hombres adinerados y otros que heredan dinero que no ganaron.) El poder en las manos de uno que no lo adquirió de forma gradual es usualmente fatal para el éxito. *Hacerse rico rapidamente* es más peligroso que la pobreza.

27. Deshonestidad intensional. No hay substituto para la honestidad. Uno puede ser temporalmente deshonesto por fuerza de las circunstancias sobre las cuales uno no tiene control sin daño permanente. Pero no hay *esperanza* para la persona que es deshonesta por decisión. Tarde o temprano, sus hechos le alcanzarán y él pagará por la pérdida de reputación y tal vez la pérdida de la libertad.

28. Egoísmo y vanidad. Estas cualidades son una luz roja que advierte a los demás para mantenerse alejado. *Son fatales para el éxito.*

29. Suponer, en vez de pensar. Muchas personas son muy indiferentes o perezosas para adquirir HECHOS con los cuales sirven para *pensar acertadamente.* Prefieren actuar con "opiniones" creadas por suposiciones o juicio inmediato.

30. Falta de capital. Esta es una causa común del fracaso entre aquellos quienes comienzan un negocio por primera vez, sin una reserva suficiente de capital para absorber los golpes de sus errores y llevarlos encima hasta que hayan establecido una *reputación*.

31. En este numeral nombra cualquier causa particular de fracaso por la cual has sufrido y que no ha sido incluida en la lista anterior.

En estas 31 causas principales del fracaso se encuentra una descripción de la tragedia de la vida, que es obtenida de prácticamente cada persona que intenta y falla. Sería de gran ayuda si puedes inducir a alguien que te conozca bien a repasar esta lista contigo y te ayude a analizarlo con base en las treinta y un causas del fracaso. Puede ser beneficioso si lo intentas solo; pero la mayoría de las personas no pueden verse a sí mismos como los demás los ven a ellos. Tú puedes ser uno de ellos. Así que busca a un amigo, socio, pastor o líder, que juntamente contigo te ayude a evaluar porqué has fracasado en situaciones anteriores, en proyectos pospuestos y en sueños frustrados con anterioridad. Reconoce cada una de las causas que te han hecho fracasar y ahora vamos a estudiar las formas de enfrentar los fracasos, para no quedarnos postrados y lamentándonos, sino que aprendamos a levantarnos y a alcanzar nuestros sueños.

Me encanta la definición de éxito que dio Winston Churchill: *"El éxito es aprender a ir de fracaso en fracaso sin desesperarse"*.

Cinco estrategias para enfrentar el fracaso:

1. Entender que fracaso no es sinónimo de fracasado. Hay dos errores esenciales que se cometen con respecto al fracaso:

a) Ser demasiado rápido en catalogar todas las situaciones adversas como fracasos. Es cuando se ve cualquier tropiezo como fracaso y se maximiza toda situación trivial.

Ningún evento por si solo constituye toda tu realidad. El fracaso es un incidente aislado que ocurre en la vida.

b) Creer que tu caída es un complot en tu contra y dices: "Es como si el destino se empeñara en que yo fracasara, es la quinta vez que esto me pasa". Entonces porqué sigues haciendo las cosas de la misma manera; tienes que cambiar de estrategia. Es como pisar una cáscara de plátano y nos caemos, y unos pasos mas adelante, volvemos a pisar otra cáscara de plátano.

En la vida no hay errores, sólo lecciones, y esa lección se va a repetir hasta que la aprendamos. Si tú ignoras la lección, se va a presentar de diferentes maneras hasta que la aprendas. A continuación contesta en tu cuaderno de sueños las siguientes preguntas:

¿Qué lecciones has venido ignorando?
¿Qué acciones vas a tomar para aprender la lección y no ignorarla?

Toma le decisión de aprender. Recuerda que creer que un fracaso es sinónimo de fracasado, es como creer que porque cometimos una estupidez somos estupidos. No permitas que una caída te defina como persona; pero aprende la lección. Como dijo Napoleón Hill: *"Todo problema trae la semilla de un beneficio aun mayor"*.

2. No permitir que los temores te paralicen y se apoderen de ti. *"Dios no nos ha dado espíritu de temor, sino de poder, amor y dominio propio"* (2 Ti. 1:7) Hay diferentes tipos de temores, como los mencionamos anteriormente al dolor, al fracaso, al rechazo, a lo desconocido e inclusive al éxito.

a) El temor al éxito: Temen no poder cumplir con las nuevas responsabilidades que se le presentaran como parte de su éxito. Temen triunfar y comandan a su mente para sabotearlo. Temen que el éxito los lleve a nuevos lugares (desconocidos).

Aquello que tememos, normalmente no es verdad, pero si llegamos a temerlo tanto, podemos hacerlo realidad, como pasó en el caso del patriarca Job, que en medio de su proceso de gran prueba confesó: *"Porque el temor que me espantaba me ha venido, y me ha acontecido lo que yo temía. No he tenido paz, no me aseguré ni estuve reposado; no obstante, me vino turbación"*. (Job. 3:25, 26). El miedo produce sudor, paraliza, acelera el pulso, el ritmo cardiaco y eleva la presión arterial.

b) El temor a lo desconocido: Lo malo no es tenerlo,

es permitir que nos domine: El nuevo idioma, el nuevo trabajo, el nuevo país, un nuevo cambio, etc. Cuando Cristóbal Colón viajó a América, existía la posibilidad muy real de que nunca regresaran.

Existe el peligro de hacernos expertos en seguridad: somos entrenados para ser cautelosos y precavidos, y por lo tanto muchas veces no emprendemos algo si no es 100% seguro. Pero todo camino hacia el éxito implica riesgos. Collin Powell dijo: *"No hay secretos en el éxito, esto se alcanza preparándose, trabajando arduamente y aprendiendo del fracaso".*

Donde quiera que nos movamos hay peligros, y riesgos que tenemos que tomar, veamos por ejemplo esta estadística referente a los accidentes: En el 16% de los accidentes están involucrados los aviones, los barcos y los trenes. En el 20% los automóviles, el 15% sucede en las calles y el 17% en las casas. Así es que si siguiéramos esas estadísticas, prácticamente no hay lugar seguro. Debemos desarrollar una buena autoestima y poner nuestra visión fija en nuestras metas y sueños para alcanzarlos.

c) El temor al rechazo: La aceptación es una de las necesidades básicas del ser humano. Cuando alguien rechaza tus ideas, es solo eso, no te están rechazando a ti como persona. ¿Qué temor te está dominando? ¿Qué temor sigue saboteando tu éxito? Identifica una acción específica para desechar ese miedo. Actúa, párate enfrente de él y no dejes que te domine.

3. Hay que saber preguntar. En nuestra mente ya se encuentran todas las respuestas a las preguntas que nos hagamos, todo depende que la forma en cómo le preguntemos. Por ejemplo: Busca todas las razones que tienes hoy para tener un día exitoso. Hoy es el mejor día de tu vida.

Preguntas de empoderamiento

¿Por qué todo me sale mal?

Lo primero que contestarás, es que eso no es verdad; pero entonces buscarás en toda la información que tiene en el conciente y en el inconciente, sea verdadera o falsa, y entonces probablemente contestes: "todo me sale mal porque no sirvo para nada"

¿Por qué siempre me sucede a mí?
¿Por qué estoy tan gordo, tan flaco?

Depende de cómo preguntemos así será la respuesta. Las preguntas que hagamos deben estar orientadas de una forma positiva. Haz preguntas que te empoderen. Por ejemplo:

¿Qué debo hacer para adelgazar, empezando hoy mismo y disfrutando del proceso al mismo tiempo?

¿Qué puedo aprender de este revés?

¿Cómo puedo llegar a hacer lo que realmente quiero?

¿Qué puedo hacer para ser mejor hoy que ayer?

¿Qué puedo hacer para relacionarme mejor con mi familia?

4. Enfócate en tus puntos fuertes. No te detengas hasta alcanzar lo que te pertenece y el único resultado será el éxito. La realización de tus sueños.

En la mitología griega se habla del efecto pigmalión; lo cual no es otro que la profecía hecha realidad. Pigmalión estaba profundamente enamorado de una estatua, que la diosa Afrodita le dio vida a la estatua, para que se pudiera casar con él. Lo que deseas es lo que recibes. El efecto pigmalión puede sabotear o llevarte hacia tu éxito.

Vince Lombardy, es considerado como el mejor director técnico de futbol americano de todos los tiempos. Llevó al peor equipo de esos momentos a ganar cinco premios en un periodo de siete años. Lo primero que le dijo a su equipo como una declaración y una gran afirmación fue: *"Yo nunca he fracasado, y crean ustedes que esta no va a ser la primera vez. Los segundos lugares no están permitidos. Tienen que jugar con mente y corazón; y eso jamás les va a permitir fracasar"*.

Nunca dudes del potencial que Dios te ha dado, concéntrate en las posibilidades. Ahora haz una lista de todos tus éxitos en tu cuaderno de sueños: Escribe todos tus logros, grandes y pequeños. Todos son victorias ganadas. Aquí también es un buen momento para hacerte un autoanálisis para realizar un auto inventario personal.

Auto inventario personal

1) ¿He logrado la meta que me establecí como objetivo para este año? (Debes trabajar con un objetivo definido anual para lograrlo como parte de tu objetivo mayor en tu vida). Sí ○ No ○

2) ¿He entregado servicios de la mejor calidad posible de lo cuales, yo era capaz, o podría haber mejorado cualquier parte de ese servicio? Sí ○ No ○

3) ¿He entregado servicios en la máxima cantidad posible, de lo que hubiera sido capaz? Sí ○ No ○

4) ¿Ha sido el espíritu de mi conducta armoniosa y cooperativa todo el tiempo? Sí ○ No ○

5) ¿He permitido que el hábito de hacer las cosas al último momento disminuya mi eficiencia y si lo ha sido, hasta qué extensión? Sí ○ No ○

6) ¿He mejorado mi personalidad y si lo he hecho, en qué manera? Sí ○ No ○

7) ¿He sido persistente en seguir mis planes hasta su terminación? Sí ○ No ○

8) ¿He llegado seguro y rápidamente a decisiones en todas las ocasiones? Sí ○ No ○

9) ¿He permitido que cualquiera de los seis miedos básicos disminuya mi eficiencia? Sí ○ No ○

10) ¿He tenido cualquiera de estas: "excesivas precauciones" o "pocas precauciones"? Sí ○ No ○

11) ¿Ha sido la relación con mis asociados en trabajo no-placentera? ¿La culpa ha sido en parte o totalmente mía? Sí ○ No ○

12) ¿He disipado parte de mi energía a través de la falta de esfuerzo de concentración? Sí ○ No ○

13) ¿He tenido mente abierta y tolerante en conexión con todos los sujetos? Sí ○ No ○

14) ¿En qué manera he mejorado mi habilidad de prestar servicio? Sí ○ No ○

Auto inventario personal

15) ¿He sido intemperante en cualquiera de mis hábitos? Sí ○ No ○

16) ¿He expresado, abierta o secretamente, cualquier forma de egoísmo? Sí ○ No ○

17) ¿Ha sido mi conducta hacia mis asociados tal, que los ha inducido a respetarme? Sí ○ No ○

18) ¿Han sido mis opiniones y decisiones basados en conjeturas o exactitud del análisis y el pensamiento? Sí ○ No ○

19) ¿He seguido el hábito de administrar mi tiempo, gastos e ingresos; he sido conservador en estos presupuestos? Sí ○ No ○

20) ¿Cuánto tiempo me he dedicado a esfuerzos infructuosos los cuales yo podía haberlo utilizado para mejorar mis ventajas? Sí ○ No ○

21) ¿Cómo puedo yo re-administrar mi tiempo y cambiar mis hábitos para que sea más eficiente durante el año venidero? Sí ○ No ○

22) ¿He sido culpable de cualquier conducta que no fue aprobada por mi conciencia? Sí ○ No ○

23) ¿En qué manera he dado más y mejor servicio de lo que fui remunerado? Sí ○ No ○

24) ¿He sido injusto con cualquiera y si lo fui, de qué manera? Sí ○ No ○

25) ¿Si yo fuera el comprador de mis propios servicios en el año, estaría satisfecho con mi compra? Sí ○ No ○

26) ¿Estoy en la correcta vocación y si no lo estoy, porqué no? Sí ○ No ○

27) ¿El comprador de mis servicios ha estado satisfecho con el servicio que he prestado y sino, por qué no? Sí ○ No ○

28) ¿Cuál es mi calificación en los principios fundamentales del éxito? Sí ○ No ○

(Haz esta calificación justa y sincera, házla revisar de alguien que sea lo suficiente valeroso para hacerlo correctamente).

5. Desarrolla una actitud de nunca darte por vencido. El día que le hicieron un homenaje a Sir Edmund Hillary, el primer hombre que conquisto el monte Everest, y como todavía no había conquistado al Everest. Se paró frente a la gran fotografía del monte Everest, que colocaron enfrente del podium y levantando la mano se dirigió a la montaña y le dijo: *"Tú has ganado otra vez, pero tú no vas a crecer más ni un centímetro; y yo todavía estoy creciendo, y te voy a conquistar".*

El coronel Sanders: Recorrió 1006 bancos que le dijeron que NO le harían el préstamo, hasta que en el banco 1007, le dijeron que sí, y hoy por hoy la cadena de restaurantes KF Chicken, tiene la venta más grande del mundo en pollo servido en un restaurante.

Cuando Winston Churchill, era el primer ministro de la Gran Bretaña, fue invitado a dar un discurso a un grupo de estudiantes de su escuela de infancia, y su discurso fue el más breve de toda su historia y dijo lo siguiente: *"Nunca, nunca, nunca se den por vencidos en algo que sea grande o pequeño, sublime o trivial. Nunca se den por vencidos, nunca, nunca, nunca".*

"La persistencia y la perseverancia engendran el Éxito" **Anónimo.**

"Si te caes siete veces, levántate ocho." **Proverbio chino**

"¡Caer está permitido. Levantarse es obligatorio!" **Proverbio ruso**

"Si se siembra la semilla con fe y se cuida con perseverancia, sólo será cuestión de tiempo recoger sus frutos." **Thomas Carlyle** (1795-1881) Historiador, pensador y ensayista inglés.

"Es duro caer, pero es peor no haber intentado nunca subir". **Theodore Roosevelt** (1858-1919) Político estadounidense.

"Nuestra mayor gloria no está en no haber caído nunca, sino en levantarnos cada vez que caemos." **Oliver Goldsmith** (1728-1774) Escritor británico.

"Las grandes obras son hechas no con la fuerza, sino con la perseverancia." **Samuel Johnson** (1709-1784) Escritor inglés.

"El modo de dar una vez en el clavo es dar cien veces en la herradura." **Miguel de Unamuno** (1864-1936) Filósofo y escritor español.

Alcanzar tus sueños requiere de adquirir nuevos hábitos. Muchos de los fracasados no se dieron cuenta qué tan cerca estaban de alcanzar el éxito cuando decidieron renunciar. ***Perseverancia es:*** *Alcanzar lo propuesto y buscar soluciones a las dificultades que puedan surgir.*

La perseverancia es un esfuerzo continuo.

Es un valor fundamental en la vida para obtener un resultado concreto; siempre es gratificante iniciar un proyecto, existe una gran ilusión, sueños y esperanzas. Ese proyecto puede ser iniciar un nuevo ciclo escolar donde comenzarán resistencias y problemas.

En esta nueva experiencia conoceremos personas que no nos agradarán, o las exigencias podrán ser agotadoras; entonces necesitamos tener la perseverancia bien asimilada para no ser derrotados y tener la satisfacción de haber luchado por llevar a cabo las actividades necesarias para alcanzar lo que nos propusimos.

Con la perseverancia se obtiene la fortaleza y esto nos permite no dejarnos llevar por lo fácil y lo cómodo. Cuando hablamos de este valor, valdría la pena tomar un papel y ver nuestros propósitos para revisar si los estamos cumpliendo. Por otro lado, a veces no conocemos realmente a fondo nuestras capacidades para poder establecer objetivos que realmente podamos alcanzar.

Cualquier meta que emprendamos, debe de estar acompañada de los medios que vamos a utilizar para conseguirla, y pensar qué nos hace falta para alcanzarla. Estas herramientas son nuestras habilidades, posibilidades y conocimientos, y pensar cómo aplicarlas. La perseverancia requiere sentido común y pensar que tal vez no lo logremos de inmediato; sin embargo es importante volverlo a intentar, porque la perseverancia brinda estabilidad, confianza y es un signo de que estamos madurando o tomando conciencia de nuestra responsabilidad ante las cosas.

Necesitamos estar preparados para enfrentar los

retos que el mundo actual presente, con un compromiso pleno y decidido para cumplir con nuestra vocación con entrega y espíritu de servicio.

> ## *Desarrolla tu perseverancia*
>
> Si Somos constantes en nuestras actividades y prevemos los obstáculos
>
> Si Tenemos firmeza en las dificultades y somos constantes en la búsqueda del bien
>
> Si Enfrentamos los retos sin miedo, con un compromiso pleno y decidido para cumplir con nuestra vocación, sea lo que sea
>
> Si Aprendemos a valernos por nosotros mismos y trabajamos con empeño para alcanzar nuestras metas.
>
> Si Estamos conscientes que nadie puede responder por nosotros
>
> Si Transformamos nuestros sueños, les damos vida y luchamos hasta convertirlos en realidad.

Quiero terminar este capítulo con el siguiente decálogo, que espero que graves en tu corazón, y memorices para que continuamente lo repitas, y lo practiques, para que de esa forma se asiente como un hábito en tu vida.

Decálogo de la perseverancia:

1. La perseverancia comienza con un conocimiento realista de uno mismo: fortalezas y debilidades.

2. *No hay calidad personal sin esfuerzo. Por eso debemos vencer los obstáculos.*

3. *La perseverancia es una señal de seguridad.*

4. *No debemos confundir perseverancia con rutina.*

5. *El valor de la perseverancia se refiere a la superación de los obstáculos.*

6. *El principal problema de la perseverancia es que no somos constantes en nuestras acciones.*

7. *Debemos ser fuertes para emprender metas y poder cumplirlas.*

8. *Debemos hacer lo posible por ser constantes diciendo lo que se piensa y pensando lo que se dice, y mantenernos firmes en ello.*

9. *Lo más importante en esta vida no es darnos cuenta de que tenemos problemas, sino cómo hacer para superarlos.*

10. *Cuando tus acciones sean constantes en su duración, mejores serán los resultados.*

Un Último Reto:
Actúa, Actúa, Actuá.

No importa todo lo que hayas leído, memorizado, analizado, comprendido y planeado, si no lo ejecutas, si no actúas, si no te mueves hacia adelante en la realización de tus sueños, en el logro de tus metas, y en el alcance de tus objetivos, permíteme decírtelo de esta manera, haz perdido tu tiempo de la forma mas inútil: engañándote a ti mismo.

La Biblia, la Eterna Palabra de Dios dice: *"Con Dios todas las cosas son posibles"* pero para eso tenemos que creer y actuar en base a lo que hemos creído, porque si no se actúa entonces tu fe es muerta. El escritor de la epístola de Santiago dice: *"Así también la fe, si no tiene obras, es muerta en si misma. Pero alguno dirá: Tú tienes fe, y yo tengo obras. Muéstrame tu fe sin obras, y yo te mostrare mi fe por mis obras… ¿Mas quieres saber hombre vano que la fe sin obras es muerta? ¿No ves que la fe actúo juntamente con sus obras, y que la fe se perfeccionó por las obras?...vosotros veis, pues, que el hombre es justificado por las obras, y no solamente por la fe...Porque como el cuerpo sin espíritu esta muerto, así también la fe sin obras esta muerta."* (Stg. 2: 17,18, 20,22, 24, 26).

Si no actúas, nada sucede, si no lo haces, nadie lo va a hacer por ti, ya que tú eres el único que puede cumplir tu destino, el único que puede alcanzar ese sueño; porque para eso fuiste creado. Se que a veces no nos sentimos competentes, y pensamos que el reto es demasiado grande para cumplirlo. Que tal vez Dios "se equivocó" al marcarnos a nosotros con ese destino. Pero efectivamente Dios no se ha equivocado, y puso en ti los sueños que tienes, lo anhelos que esperas cumplir y el destino al que debes llegar. Todo ya está programado sólo espera que tú estés dispuesto, que tengas la actitud correcta y que tomes las acciones correspondientes para realizarlo.

"De todas las cosas que tú posees, tu expresión es una de las más importantes". Porque la Actitud es una expresión externa de un sentimiento interno.

La Actitud es el ser avanzado de
nuestros verdaderos egos.
La Actitud es la raíz interna
que produce los frutos externos.
La Actitud es nuestro mejor amigo o
nuestro peor adversario.

*La Actitud es más honesta y más
consistente que nuestras palabras.
La Actitud es la mirada externa basada
en nuestras experiencias pasadas.
La Actitud es lo que atrae gente a nosotros o
las que los expulsa.
La Actitud nunca está contenta
hasta que se expresa.
La Actitud es la biblioteca de nuestro pasado,
el comunicador de nuestro presente
y el profeta de nuestro futuro.*

La buena noticia es que podemos decidir que actitud tener. Así es que ¿Cuál va a ser tu actitud?

Quiero contarte brevemente la historia de un juez del pueblo de Israel, que probablemente no has escuchado, quiero decirte que yo la leí hace bastante tiempo en un libro que se llama: "Los tres secretos de éxito" y me impresionó sobremanera; de tal manera que guardé un resumen de la vida de este valeroso juez, que ahora quiero compartir contigo. Para que te des cuenta que igual que este juez, tu destino ya esta trazado por Dios, y el quiere que tú cumplas tus sueños.

La historia de Moisés es narrada en 136 capítulos de la Biblia. La de José, modelo de absoluta integridad en 21 capítulos. La vida de Cristo Jesús, el más grande de los líderes, maestros, y profetas de todos los tiempos, se registra en los primeros 89 capítulos del Nuevo Testamento. Sabes qué espacio ocupa Samgar en toda la Biblia; sólo dos versículos, para ser más exactos solamente cuarenta y dos palabras. Creo que Samgar debió haber contratado a un mejor representante, ¿no crees?

¿Qué tan importante puede ser Samgar, si esta es toda su mención en la Biblia? ¿Qué puedes aprender de un personaje cuya biografía esta incluida solamente en cuarenta y dos palabras? A través de esos dos pequeños versículos. Dios nos dice que no hay límites para las cosas que podemos realizar, para los sueños que tenemos que lograr y para cumplir el destino que tenemos trazado en nuestro andar, si tan sólo aprendemos las lecciones y aplicamos los principios que aplicó Samgar a su vida y así logro cumplir con su misión. Esta historia está en el libro de los Jueces del Antiguo Testamento:

"Después de él fue Samgar hijo de Anat, el cual mató a seiscientos hombres de los filisteos con una aguijada de bueyes; y él también salvó a Israel." (Jue. 3:31).

"En los días de Samgar hijo de Anat. En los días de Jael, quedaron abandonados los caminos, y los que andaban por las sendas se apartaban por senderos torcidos." (Jue. 5:6).

¿Qué es lo que nos enseñan estos versículos? En primer lugar, ya que estos versículos están en el libro de los jueces, inferimos que Samgar vivió hace más de 3500 años, en la tierra de Canaán (después llamada Palestina). Canaán fue dividida en docenas de ciudades amuralladas, que estuvieron en constantes guerras unas contra otras. El pueblo de Samgar eran los Hebreos.

En segundo lugar, deducimos que Samgar vivió en una época de muchos peligros y de abundante maldad. "En los días de Samgar" se nos dice, "abandonaron los caminos... y se apartaron por senderos torcidos". Sin ningún gobierno, ni líder, ni ejército, los hebreos eran presa fácil de los demás pueblos. Israel era vulnerable por cualquier lado que fuera atacado.

En tercer lugar pensamos que Samgar fue un campesino, porque "mató a seiscientos filisteos con una aguijada" esta es una vara larga de madera que tiene un acicate o punta afilada de hierro, y en el otro lado una especie de espátula muy filosa.

Un salto de fe: Antes de que Samgar venciera a los filisteos y salvara a Israel, nadie hubiera pensado que sería tan grandioso. Era un campesino con sus bueyes, un hombre con tierra en las uñas y excremento de animales en la suela de sus sandalias o "huaraches". Nadie lo hubiera volteado a ver, ni hubieran dicho: "ahí está el hombre que salvará a nuestra nación".

Samgar era una persona normal, no era diferente a ti o a mí. Era un hombre de carne y hueso que vivió en tiempos extraordinarios, así como nosotros. Él defendió a su nación de los invasores sedientos de sangre y tuvo éxito. Porque encontró su misión, cumplió su destino y alcanzo su sueño.

Es un hecho de que, si **no deseas** realmente luchar contra todo pronóstico en una pelea de seiscientos contra uno, nunca lograrás nada grandioso. Nada que valga la pena es fácil.

¿Qué es lo que tratas de lograr? ¿Cuál es tu sueño, tu gran meta en la vida? Cualquiera que sea, tú puedes lograrlo, vencer las circunstancias, superar los obstáculos y ganar.

Sé contra qué estás luchando porque he estado ahí. Estás enfrentando un reto que parece demasiado grande, la gente que te rodea te dice que debes enfrentar "la realidad" y comienzas a pensar y a creer que tal vez tienen razón, que debes rendirte y encontrar algo que sea mucho más seguro de lograr o menos riesgoso.

¡Ni siquiera pienses en darte por vencido! ¿Aspiras a escribir un libro, o una gran novela? ¿Comenzar tu propio negocio? ¿Rescatar a los niños de la calle y de la violencia intrafamiliar? ¿Encontrar la cura para el cáncer, el SIDA o el síndrome de Down? Cualquiera que sea tu sueño, porque ya lo escribiste, ya encontraste tu razón de ser, te aseguro que se puede realizar. La Biblia dice: *"Que a los que creen todo le es posible"*.

Las probabilidades están en tu contra, seiscientos contra uno. Pero ¿y qué? Otras personas, justo como tú, con tus mismas características, debilidades y probabilidades, han vencido estas dificultades y han obtenido grandiosos resultados en el alcance de sus sueños. Samgar lo hizo. **¿Por qué tu no?**

¿Qué importa si el mundo entero esta en tu contra? Eres tú el único que puede cumplir tu propio destino, eres tú el único que puede realizar ese sueño, porque para eso fuiste creado, en este tiempo, en este momento y en este lugar. Dios te ha dado la capacidad para vencer esa probabilidad de seiscientos contra uno.

¿Sabes cuál fue el gran secreto de Samgar? *"Samgar hizo lo que pudo, con lo tenía, justo donde estaba ¡y tuvo muchas oportunidades!"* A veces nosotros pensamos que no podemos, que no tenemos las mismas oportunidades que los demás, que no contamos con los recursos suficientes. Pero detente, hoy te quiero decir que tú debes hacer lo que puedas, lo mejor que puedas con excelencia, precisamente en ese lugar en donde te encuentras, utilizando exactamente lo que tienes. Recuerdas qué le preguntó Dios a Moisés en el monte de su llamamiento: "qué tienes en tu mano" en unos capítulos anteriores tú ya hiciste un inventario de lo que tienes, así es que es el momento de actuar con lo que tienes en la mano, con los recursos que ya adquiriste, con los talentos, dones y habilidades de los que fuiste dotado como un regalo, o por mucha práctica.

Nunca digas cuando tenga más tiempo. Hoy es el día que hizo el Señor, hoy es el día que Él te regalo, hoy es el día de actuar. Recuerda que la única manera de encontrar el sentido de la vida es que ésta cuente con Dios. Si tienes un sueño o algo por cumplir, no esperes hasta que llegues a la gran ciudad. Comienza a construirlo ahora, justo en donde estás. Comienza a planear, preparar, crear y construir. Comienza aquí, comienza ahora.

No esperes el tiempo, no "encuentres el tiempo", haz el tiempo. Eso quiere decir que debes establecer tus prioridades (metas: como has aprendido a lo largo de todo este libro) tienes que renunciar a lo irrelevante y comenzar con lo que es más importante para ti. Y debes hacerlo ahora. Johnny Hunt dijo: *"No se queden en el pasado, ni se hipnoticen con el futuro, enfóquense en el momento presente. Es la clave para su éxito"*. Henry Ford declaró: *"La gente avanza durante el tiempo que los demás desperdician"* Tu tiempo es tu vida. Cuando desperdicias tu tiempo, estás tirando a la basura parte de tu preciosa vida.

Recuerda que el tiempo no se puede acumular, no podrás decir que el tiempo que no uses hoy te lo guarden para mañana, tampoco se puede estirar; hoy no puedes hacer tu día de veinticinco horas, y todos ricos y pobres, hombres y mujeres, blancos y negros tenemos el mismo tiempo todos los días, veinticuatro horas, cada hora tiene sesenta minutos y nuestra semana es de siete días, son leyes inamovibles e inmutables. Así es que no desperdicies tu tiempo y comienza a actuar ahora...

Este mismo momento en que estas leyendo este libro es el sagrado ahora. Es un regalo divino enviado por Dios para ti. Este momento está en tus manos, y puedes hacer lo que tu quieras con él, pero una vez que ya pasó, no podrás recuperarlo. Alguien dijo en alguna ocasión: *"La mayoría de nosotros pasamos nuestra vida como si tuviéramos otra vida guardada en el banco"* Cada segundo de tu vida es irremplazable, cada sagrado ahora es una oportunidad que, una vez perdida, nunca regresara. Neil Armstrong, el primer astronauta que piso la superficie lunar, sabiamente manifestó: *"Creo que cada ser humano tiene un infinito numero de corazonadas, y yo no quiero desperdiciar las mías"*.

Quiero terminar este libro compartiendo una carta que envíe el año pasado a mis amigos; y considero que a estas alturas tú y yo somos amigos, conoces mucho de mi forma de pensar y de soñar, y aunque yo no te conozco personalmente espero haberte retado, motivado e impulsado en la persecución de tus sueños. Y me gustaría que me contaras de qué maneras estás aplicando los principios aquí presentados en cada una de las diez diferentes áreas que estudiamos juntos durante todo este tiempo. De esa forma podré conocerte de una manera más cercana. Recuerda esto:

"Nunca dejes de luchar por lograr alcanzar tus sueños. Porque para eso fuiste creado".

¿Cómo estás? Espero que bien. Te comento que mañana se celebra aquí en USA, el día de acción de gracias, es cada tercer jueves del mes de noviembre, no hay clases y muchos en sus trabajos descansan, es el día que celebra la llegada de los primeros colonos a Estados Unidos, y hasta donde entiendo, estaban celebrando también las primeras cosechas en este nuevo continente.

Pero para nosotros ha comenzado a tener sentido al poder dar gracias a Dios por su misericordia, su restauración y su pastoreo, asi que mañana es un dia muy especial, y más porque al día siguiente cumplimos 22 años de casados, y sabes que podemos ver que la gracia de Dios es maravillosa, y está vigente cada día en nuestra vida, ¿no te parece? Somos bendecidos al tener la vida, la salud, la familia, hay muchos motivos por los cuales podemos dar gracias a Dios.

¿Sabes que en estos fines de los tiempos Dios nos llama a acelerar, a atrevernos a creerle a él, a caminar a 1000 por hora? Los tiempos de Dios se están acortando, el ministerio de la impiedad se está multiplicando, el enemigo está penetrando peligrosamente al seno de la iglesia, y es necesario atacarlo de frente.

Aqui he entendido que hoy más que nunca debemos trabajar para Dios 25 horas diarias, con la mentalidad del evangelio del Reino, no templocéntrica, es el tiempo de salir de las 4 paredes de la iglesia e implantar Su Reino, entendiendo que todo es de Dios, y que por lo tanto nos pertenece. Que no te de miedo ponerle pies a las ideas que tienes, no te detengas, recuerda que hacia donde Dios dirigue Dios provee, y como le digo a mis hijos: "el dia que pares de soñar, paras de vivir".

Hace dos sábados prediqué en el aniversario de la iglesia del pastor Amador Hernández, y titulé al mensaje: "Alcanzando tus sueños" basado en el pasaje de hechos 2: cuando dice que vuestro jóvenes verán visiones y vuestros ancianos soñarán sueños. Uno de los propósitos principales aparte de ser testigos efectivos de Cristo es que aprendamos a soñar, a tener visones, metas, objetivos. ¿Sabes que aun Cristo soñó? Pablo, Moisés, José, Jacob, David, todos los siervos de Dios han soñado, permítete soñar, y sueña en grande, conforme al tamaño de nuestro Dios, el cual es maravillosamente grande, excelso, maravilloso, ¿no te parece? Y una vez que tengas los sueños más grandes, haz un plan de acción para llegar a alcanzarlos, y por último ponlos en acción, camina hacia ellos, alcánzalos, acércate al cumplimiento de ellos cada día, no te detengas, que las luchas, las pruebas no te detengan, que eso te haga crecer.

Así que ¡Adelante en el Señor!
Haz una realidad tus sueños.

OTROS LIBROS DE MIGUEL RAMÍREZ

Finanzas Familiares según la Voluntad de Dios

Este es un libro excelente para aprender de una manera práctica lo relacionado con la administración de las finanzas familiares. Es un tema actual de gran ayuda para estos tiempos que estamos viviendo

Adúlteros Anónimos

El adulterio es un problema social de grandes proporciones, pero también lo es en la esfera social cristiana. Este libro pretende aportar soluciones prácticas para cortar de raíz el problema del adulterio en una persona.

Que Su Iglesia Crezca

Un excelente libro que aborda los principios del crecimiento de la Iglesia basado en el libro de los Hechos. Es un análisis profundo pero práctico que todo pastor y líder deben leer. Presenta cómo puede su Iglesia crecer.

www.editorialmies.org

Supérate, capacítate, actualízate.

La Universidad Cristiana Antioquia te ofrece la oportunidad de hacerlo:

· Hazlo por internet
· Abre un campus en tu iglesia

Tenemos dos niveles para hacerlo:

· **Nivel ministerial**
· **Nivel licenciatura**

Informes:
Tel.: 817- 709- 8497
P. O. BOX 180271
Arlington, TX. 76096-0271
unica_aum@hotmail.com

Organiza un seminario en tu iglesia

Tenemos preparados temas sobre:

· Finanzas
· Familia
· Escuela para padres
· Liderazgo
· Liberación.

Estamos para ayudarte, informes:
Tel.: 817- 709- 8497
P. O. BOX 180271
Arlington, TX. 76096-0271
migueyespe@hotmail.com